1년에 1천만 원 수익 내는
주식 투자 기술

작고 소중한 월급을 모으고 불리는 기적의 솔루션

1년에 1천만 원 수익 내는
주식 투자 기술

인디플랜(안형준) 지음

일에일북

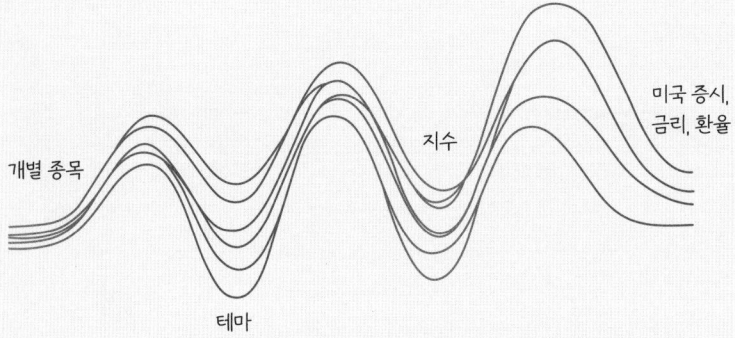

작은 시냇물이 모여 강물이 되고
크게는 하나의 바다가 되듯이
작게는 종목부터 테마, 지수까지
돈의 흐름은 결국 하나로
연결되기 마련입니다.

밀물과 썰물이 있듯이
돈이 몰리는 곳에서 누군가는 돈을 벌고,
돈이 빠지는 곳에서 누군가는 돈을 잃습니다.

돈의 흐름이 곧 투자의 본질입니다.

프롤로그

저는 이렇게
투자합니다

저는 아직 대단한 투자자는 아닙니다. 월에 수천만 원씩 수익을 내는 것도, 매일매일 수익이 발생하는 것도 아닙니다. 그런 제가 감히 주식 투자에 관한 책을 쓰게 되었습니다. 그 이유는 특별한 재능 없이도 주식으로 수익을 낼 수 있다는 점을 많은 분께 알리고 싶었기 때문입니다. 통계적으로 보면 주식에 입문하는 95%의 개인 투자자가 손실을 본다고 합니다. 저 또한 주식에 막 입문한 시절, 여러 시행착오를 경험하며 크고 작은 손실을 겪었습니다. 어쩌다 '초심자의 행운'으로 수익을 내기도 했지만 금방 깨지기 일쑤였죠.

매매월	매수금액	매도금액	실현손익	수익률
2018/07	2,521,070	3,424,590	-96,770	-2.76%
2018/06	3,734,434	3,677,673	-245,938	-6.29%
2018/05	5,316,396	5,400,671	-184,821	-3.32%
2018/04	14,200,712	16,141,782	-65,860	-0.41%
2018/03	281,930	269,550	-2,567	-0.95%
2018/02	2,935,000	2,509,653	-78,047	-3.03%
2018/01	207,045	199,650	2,171	1.10%

매매월	실현손익	수익률	매매월	실현손익	수익률
2022/12	265,282	3.68%	2023/12	599,791	5.54%
2022/11	941,869	5.13%	2023/11	403,003	3.82%
2022/10	1,151,471	7.35%	2023/10	282,249	3.58%
2022/09	1,403,641	4.69%	2023/09	1,200,511	7.16%
2022/08	940,783	2.80%	2023/08	1,779,303	6.28%
2022/07	1,049,311	3.35%	2023/07	1,151,875	10.31%
2022/06	290,828	0.30%	2023/06	389,267	4.84%
2022/05	1,047,154	1.06%	2023/05	1,037,184	8.11%
2022/04	620,967	1.83%	2023/04	478,318	2.91%
2022/03	1,763,676	4.56%	2023/03	1,099,156	6.52%
2022/02	1,252,819	5.93%	2023/02	1,595,220	5.44%
2022/01	940,482	9.90%	2023/01	802,506	5.49%
실현손익		11,668,283	실현손익		10,818,383
총수익률		2.68%	총수익률		5.89%

◆ 2018년 주식 입문 시절 투자 결과(위), 2022년 궤도에 오른 이후 투자 성과(아래)

2018년 취업준비생 시절 시작한 주식 투자의 결과를 보면 처참합니다. 말 그대로 혼자서 '맨땅에 헤딩'을 하면서 배웠던 시기인데요. 소액이긴 하지만 파란불이 많았습니다. 이 시기에 저는 몇 가지 보조지표에만 매몰되어 시야가 좁았고 같은 실수를 반복하는 등 삽질의 연속이었습니다. 돌이켜보면 경험 많은 투자 고수가 즐비한 주식 시장에서 아무런 준비 없이 지나치게 안일했던 것 같습니다.

시행착오를 겪으며 성장한 끝에, 2022년에는 연간 1천만 원의 수익을 달성합니다. 2022년의 성과가 뜻 깊은 이유는 시장이 전체적으로 하락하는 시기였기 때문입니다. 뒤이어 2023년에도 수익 1천만 원을 달성하면서 사회초년생이지만 주식 투자로 연봉 1천만 원을 올린 효과를 보게 됩니다. 물론 최근에도 부침은 있지만 꾸준히 수익을 보고 있습니다.

아직 부족한 점이 많고 투자금도 소액에 불과하지만, 제 경험을 바탕으로 보면 연 1천만 원 내외의 수익은 누구나 도전할 수 있는 영역이라 생각합니다. 개인적으로 사회초년생이 회사에서 연봉 1천만 원을 올리는 것보다, 주식 투자로 연간 1천만 원을 버는 쪽이 훨씬 수월하다고 생각합니다. 효율로 보더라도 내 노동력이라는 리소스보다는 약간의 자산과 노하우로 1천만 원을 버는 것이 낫다고 봅니다.

당연한 말일 수 있지만 투자 실력에 따라 기대수익률은 달라집니다. 주식 입문 단계에서는 손실을 보는 것이 당연합니다. 주식을 하는 개인 투자자의 95%가 손실을 보게 됩니다. 이때 대부분

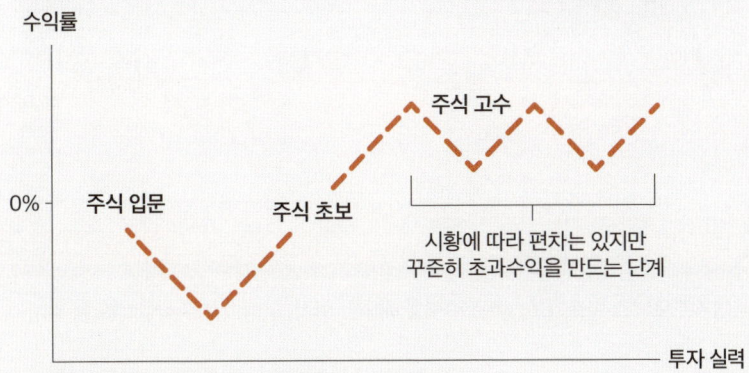

* **주식 입문**: 주식에 입문한 개인 투자자 95%가 손실
* **주식 초보**: 주식으로 수익 또는 손실이 나는 경계
* **주식 고수**: 초과수익을 만드는 단계

'역시 주식은 위험해'라고 생각하며 시장을 이탈하곤 합니다. 끈기를 가지고 공부를 이어나가 주식 초보 단계에 이르면 그제야 주식으로 수익 또는 손실이 나는 경계에 다다릅니다. 시황에 따라 수익을 볼 수도, 손실을 입을 수도 있습니다. 이 또한 내공이 부족하니 당연합니다. 여러 부침을 겪으며 교훈을 얻은 다음에야 본격적으로 초과수익을 만드는 단계, 즉 주식 고수의 경지에 이를 수 있습니다.

이 책의 목표는 월에 억 단위의 수익을 내는 것이 아닙니다. 그것은 저도 달성하지 못했기 때문에 알려드릴 수 없습니다. 대신

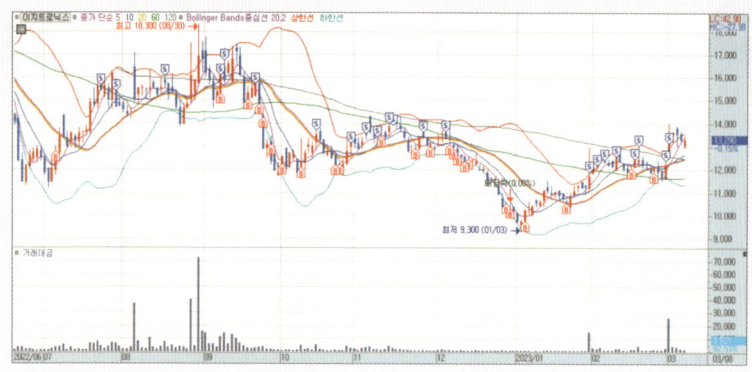

◆ 이지트로닉스 차트. B(Buy)는 주식을 매수한 위치, S(Sell)는 주식을 매도한 위치

95%가 손해를 본다는 주식 입문 단계를 거쳐 초보 단계에서 빠르게 벗어나는 지름길을 제시하려 합니다. 불필요한 시행착오를 줄이고 안전하게 주식 고수에 이를 수 있는 길을 안내하는 데 목적이 있습니다.

예시 종목은 이지트로닉스라는 폐배터리 관련주입니다. 2022년부터 사고팔기를 반복해서 1년간 이 종목으로만 100만 원이 넘는 수익을 얻었습니다. 차트에 표시된 'B'는 매수를, 'S'는 매도를 의미합니다. 저는 한 번 사서 한 방에 파는 방식이 아니라 차트분석에 기반한 분할 매매를 통해 안정적인 수익을 노리는 방법을 선호합니다. 저는 일 단위로 짧게 사고팔기를 반복하는 스윙 투자를 주로 하고 있습니다. 하루 안에 주식을 사고파는 데이 트레이

딩보다는 긴 호흡으로 매매하기 때문에 직장을 다니면서도 가능한 투자 방식입니다. 기술적으로 안전하게 아래에서 사서 위에서 파는 방식을 추구하기 때문에 불안함에 떨며 수시로 주식창을 쳐다볼 일이 없습니다. 그만큼 멘탈 관리도 편안하다는 장점이 있습니다.

주식 입문자가 쉽게 따라 하면서 실력을 쌓을 수 있도록 앞장에서는 기본적인 내용을 다룰 예정입니다. 이어서 투자의 본질과 개념에 대해 알아보고, 뒤에서는 실제 저의 매매일지를 통해 종목 선정 노하우부터 매매 전략까지 다룰 예정입니다.

주식은 특별한 사람만의 전유물이 아닙니다. 이 책과 함께라면 누구든 작지만 꾸준한 수익을 만들어갈 수 있습니다. 저처럼 평범한 사람도 해냈습니다. 이제 당신의 차례입니다.

인디플랜(안형준)

차례

프롤로그 저는 이렇게 투자합니다   006

1장
 **'이것'부터 시작하라!**

- 주식 투자를 반드시 해야 하는 이유   019
- 첫 단추는 스타일 찾기   023
- 연간 1천만 원 수익의 의미   031
- 당신의 실력이 늘지 않는 이유   035
- 증권사부터 정해보자   040

2장

투자의 본질: 돈의 흐름

- ◆ 투자로 돈을 버는 아주 단순한 진리　　　　　　　　**051**
- ◆ 테마를 알면 종목이 보인다　　　　　　　　　　　　**061**
- ◆ 주린이를 위한 지수 흐름 파악법　　　　　　　　　**067**
- ◆ 경제의 나침반, 미국 증시　　　　　　　　　　　　**072**
- ◆ 환경 변수, 금리와 환율　　　　　　　　　　　　　**077**

3장

 **주린이를 위한 최소한의 차트분석**

- ◆ 차트의 기본 요소　　　　　　　　　　　　089
- ◆ 꼭 알아야 하는 이동평균선　　　　　　　　093
- ◆ 핵심 보조지표, 볼린저밴드　　　　　　　　100
- ◆ 심리와 기대가 반영된 지지와 저항　　　　105
- ◆ 성장을 위한 작은 습관, 자동일지차트　　　110
- ◆ 직장인을 위한 스탑로스·자동감시주문　　114
- ◆ 신규 상장종목 알림 설정하기　　　　　　　118
- ◆ 변동성완화장치 설정하기　　　　　　　　　122
- ◆ 종잣돈과 분산 투자, 오해와 진실　　　　　128

4장
실전으로 배우는 매매의 기술

- 사례 ① 원전 테마 　　　　　　　　　　　　137
- 사례 ② 친환경 테마 　　　　　　　　　　　147
- 사례 ③ 2차전지 테마 　　　　　　　　　　158
- 사례 ④ 반도체 테마 　　　　　　　　　　　176
- 사례 ⑤ 인공지능·로봇 테마 　　　　　　　　187
- 사례 ⑥ 통신·자율주행 테마 　　　　　　　　197
- 사례 ⑦ 초전도체 해프닝에 대해 　　　　　　203
- 헤지 테마 ① 금리, 금 관련주 　　　　　　　208
- 헤지 테마 ② 품절주, 스팩주 　　　　　　　217
- 신규 상장주 매매법 　　　　　　　　　　　223
- 개별 재료나 이슈로 움직이는 종목 　　　　228
- 실패에서 배우는 손절 사례 　　　　　　　261

에필로그 당신의 첫걸음이 미래를 바꿉니다　　　268

1장

'이것'부터 시작하라!

주식 투자를 반드시 해야 하는 이유

여러분의 본업은 무엇인가요? 일반적인 직장인이라면 회사에서 나오는 월급인 근로소득을 얻고 있겠네요. 프리랜서도 있을 것이고, 사업을 통해 사업소득을 얻는 분도 있을 것입니다. 이 2가지 소득은 '나'라는 리소스를 투입해서 얻는 소득입니다. 물론 사업소득은 상황에 따라 다를 수 있지만 결국 사업이 자동화되기 전까지는 내 노력과 노동력이 들어갈 수밖에 없습니다.

근로소득과 사업소득도 물론 중요하지만 우리가 빠르게 부자가 되기 위해서는 돈이 돈을 벌어오는 구조, 즉 투자소득을 만들어야 합니다. 근로소득, 사업소득으로 쌓은 자산을 가만히 두는 것이 아니라, 금융 투자를 통해 굴려야 하는 것이죠. 만약 나만 일하고 있고 내 자산이 일하고 있지 않다면 그만큼의 기회비용을 잃고 있다는 뜻입니다.

사실 반드시 주식을 할 필요는 없습니다. 우리는 금융소득을 얻기 위해 다양한 방법으로 재테크를 합니다. 방법은 다양하지만 제가 특히 주식 투자를 선호하는 이유는 주식만이 갖고 있는 장점 때문입니다. 주식은 자금을 장기간 묶을 필요가 없고 비교적 자유도가 높은 투자 방식입니다. 다른 자산은 진입장벽이 높거나 유동성이 떨어지는 경우가 많은데, 주식은 그에 비해 훨씬 유연합니다.

어떤 방식이든 처음부터 투자를 잘하는 사람은 없을 것입니다. 아무리 이론을 꿰고 있어도 실전 경험이 없으면 실패할 확률이 높습니다. 그렇기에 실력을 쌓기 위해선 소액으로 투자해보는 과정이 필요한데, 주식은 부동산처럼 큰 자금이 들지 않아 이를 실현하기 좋은 수단입니다. 저 역시 시행착오를 겪으며 차곡차곡 실력을 쌓았고 이제는 만족할 만한 투자 수익을 얻고 있습니다. 작은 돈일지라도 미리미리 시작해서 실력을 쌓아야 훗날 기회가 왔을 때 잡을 수 있습니다.

돌이켜보니 그렇게 어려운 게 아니었다

주식 초보의 기준은 무엇일까요? 주식 계좌가 마이너스이고, 아직 수익을 낸 경험이 없다면 주식 초보라고 생각합니다. 어떻게 하면 주식 초보 단계에서 벗어날 수 있을까요?

문제를 해결하는 첫 번째 방법은 문제를 인식하는 데서 시작합니다. 투자를 하면서 수익이 아닌 손실이 지속적으로 발생하고 있다면 문제가 무엇인지 찾아야 합니다. 본인에게 맞지 않는 매매 스타일을 고수하고 있거나, 기술적인 역량이 충분한데도 마인드 컨트롤이 되지 않아 수익을 지키지 못하는 경우가 적지 않습니다.

돌이켜보면 주식 초보 탈출은 그리 어려운 일이 아니었습니다. 그동안 나에게 배어 있던 나쁜 습관을 하나씩 해결하고 나면 어느날 불현듯이 눈을 뜨는 순간이 옵니다. 저의 경우 첫 번째 퀀텀 점프는 거래량에 대한 해석법과 대응 방법을 깨달았을 때였습니다. 한동안 세력주의 매집과 급등 문제에 꽂혀 있었는데, 거래량 해석법을 깨달은 후에는 높은 확률로 상승하는 종목을 찾을 수 있었습니다.

이렇게 방향성을 잘 잡고 나쁜 습관을 하나씩 수정하며 학습해나가면 주식 초보 탈출은 그리 어렵지 않다고 생각합니다. 이제부터 여러분이 첫 단추를 잘 끼울 수 있도록, 제가 빙빙 돌아왔던 길을 돌아가지 않도록 지름길로 안내할 예정입니다. 이 책을 길잡이 삼아 차근차근 정독하기 바랍니다.

첫 단추는
스타일 찾기

투자 기간에 따른
4가지 매매기법

"저도 주식 투자를 시작하고 싶어요!"

종종 인스타그램 DM으로 이와 같은 문의가 들어옵니다. 입문자에게 제가 가장 먼저 강조하는 부분은, 바로 나에게 맞는 매매 스타일을 찾으라는 것입니다. 주식의 매매기법은 투자자의 성향과 추

* **스캘핑(초단타)**: 초 단위로 매수와 매도를 반복하는 기법
* **데이 트레이딩(단타)**: 당일에 매수·매도를 하는 단타 기법
* **스윙**: 짧게는 일주일 이내, 길게는 1~2개월 이내 매매하는 기법
* **장기 투자(가치투자)**: 보통 1년 이상 긴 호흡으로 투자하는 기법

구하는 가치에 따라 정말 다양한데요. 이 책에서는 간단히 투자 기간(시간)으로 구분하겠습니다.

1. 스캘핑

스캘핑은 투자에 소요되는 시간 단위가 가장 짧은 매매기법입니다. 1분 이내 초 단위로 매수와 매도를 여러 번 반복하는 방법이죠. 거래를 할 때마다 거래세와 수수료가 발생하는데, 이러한 비용을 제하고도 수익이 조금이라도 발생하면 익절하는 전략입니다. 다른 기법과 달리 매매가 매우 빠르고 호흡과 주기가 짧다 보니 직장인보다는 전업으로 투자하는 분에게 적합한 방식입니다. 순간적인 흐름을 읽는 집중력과 빠른 판단력이 핵심입니다.

2. 데이 트레이딩

데이 트레이딩은 당일에 주식을 매수해서 당일에 매도하는 단타 매매기법입니다. 보통 단기간 시세 등락을 예측해서 투자하며, 스캘핑과 마찬가지로 하루 동안 주가의 흐름을 지켜봐야 하기 때문에 직장인은 하기 힘든 투자 방법입니다. 실력이 정말 좋다면 데이 트레이딩으로 하루에 수백만 원에서 수천만 원까지 수익을 내기도 합니다. 리스크를 감수하면서 단기간에 고수익을 내고 싶다면 지향해볼 만한 영역입니다. 대신 리스크가 높은 만큼 꾸준한 공부와 경험은 필수입니다.

3. 스윙

스캘핑, 단타와 달리 짧게는 일주일 이내, 길게는 1~2개월 기간을 두고 매매하는 기법입니다. 스윙 매매부터는 시간상의 조급함이 덜해서 직장인도 충분히 가능한 매매기법인데요. 보통 기술적 분석을 동반한 테마의 수급을 쫓는 방식으로 매매하며, 장기 투자보다 결과가 빠르게 나온다는 장점이 있습니다. 다만 자신만의 기준 없이 매매를 하다간 큰 손실을 볼 수 있으며, 본인의 의지와 상관없이 장기 투자로 이어지는 경우도 있으니 주의해야 합니다. 이 책은 스윙 매매를 중심으로 다룰 예정입니다.

4. 장기 투자

기업의 가치를 분석해서 긴 호흡으로 보통 1년 이상 보유하는 투자 방법입니다. 미국에서는 워런 버핏의 투자법으로 유명하죠. 그는 다음과 같이 말했습니다.

"10년 이상 보유하지 않으려면, 단 10분도 보유하지 마라."

복잡한 분석은 못하겠고, 길게 들고 있는 것을 선호한다면 장기 투자에 적합하다고 생각합니다. 다만 마이너스인 상태로 보유 기간이 길어지면 멘탈이 흔들릴 수 있는데요. 쉽게 흔들리지 않고 잘 견딜 수 있는 끈기 있는 성향이라면 적합한 방식이라고 생각합니다.

여기까지 대표적인 4가지 매매 방식을 알아봤습니다. 어떤 매매 방식이 가능한지, 자신의 가치관과 잘 맞는지 알아보는 것이 중요합니다. 자신에게 맞는 매매 스타일을 찾아야만 그에 맞는 지식을 선별해 효과적으로 학습할 수 있습니다. 예를 들어 데이 트레이딩(단타)을 선호하는데 정작 학습한 지식은 장기 투자와 관련된 내용이라면 투자 결과가 어떻게 될까요? 공부한 내용이 수익으로 이어질 확률은 낮아지겠죠. 매매 스타일에 적합한 지식 위주로 학습

투자 성향 테스트

투자 성향	특징
공격투자형	시장 평균 수익률을 훨씬 넘어서는 수준의 수익을 추구하며 이을 위해 자산 가치의 변동에 따른 손실 위험을 적극 수용. 투자자금 대부분을 주식, 주식형펀드 또는 파생상품 등의 위험자산에 투자할 의향이 있는 유형
적극투자형	원금의 보전보다는 위험을 감내하더라도 높은 수준의 수익 실현을 추구함. 투자자금 상당 부분을 주식, 주식형펀드 또는 파생상품 등의 위험자산에 투자할 의향이 있는 유형
위험중립형	투자자는 그에 상응하는 투자 위험이 있음을 충분히 인식하고 있으며, 예적금보다 높은 수익을 기대할 수 있다면 일정 수준의 위험을 감수할 수 있는 유형
안정추구형	원금의 손실 위험은 최소화하고, 이자소득이나 배당소득 수준의 안정적인 투자를 목표로 함. 다만 수익을 위해 단기적인 손실을 수용할 수 있으며, 예적금보다 높은 수익을 위해 자산 중 일부를 변동성 높은 상품에 투자할 의향이 있는 유형
안정형	예금 또는 적금 수준의 수익률을 기대하며, 원금에 손실이 발생하는 것을 원하지 않음

해야만 효율적으로 탄탄하게 성장할 수 있습니다.

다행히 손쉽게 투자 성향을 파악하는 방법이 있습니다. 제도권 금융기관에서는 「금융소비자 보호에 관한 법률」 제17조에 따라 투자상품 가입 시 고객의 투자 성향을 파악하기 위한 근거자료를 확보합니다. 몇 가지 체크리스트를 통해 고객의 투자 성향을 '공격투자형' '적극투자형' '위험중립형' '안정추구형' '안정형'으로 판별하는데요. 예를 들어 자신이 안전형에 속한다면 스캘핑, 데이트레이딩, 스윙은 추구하기 어려운 매매기법일 수 있습니다.

투자 성향 테스트

1. 당신의 연령대는 어떻게 됩니까?

① 19세 이하 (12.5점)

② 20~40세 (12.5점)

③ 41~50세 (9.3점)

④ 51~60세 (6.2점)

⑤ 61세 이상 (3.1점)

2. 투자하고자 하는 자금의 투자 가능 기간은 얼마나 됩니까?

① 6개월 이내 (3.1점)

② 6개월 이상~1년 이내 (6.2점)

③ 1년 이상~2년 이내 (9.3점)

④ 2년 이상~3년 이내 (12.5점)

⑤ 3년 이상 (15.6점)

3. 다음 중 투자 경험과 가장 가까운 것은 어느 것입니까? (중복 가능)

① 은행의 예·적금, 국채, 지방채, 보증채, MMF, CMA 등 (3.1점)

② 금융채, 신용도가 높은 회사채, 채권형펀드, 원금보존추구형ELS 등 (6.2점)

③ 신용도 중간 등급의 회사채, 원금의 일부만 보장되는 ELS, 혼합형펀드 등 (9.3점)

④ 신용도가 낮은 회사채, 주식, 원금이 보장되지 않는 ELS, 시장수익률 수준의 수익을 추구하는 주식형펀드 등 (12.5점)

⑤ ELW, 선물옵션, 시장수익률 이상의 수익을 추구하는 주식형펀드, 파생상품에 투자하는 펀드, 주식 신용거래 등 (15.6점)

4. 금융상품 투자에 대한 본인의 지식 수준은 어느 정도라고 생각하십니까?

① [매우 낮은 수준] 투자 의사결정을 스스로 내려본 경험이 없는 정도 (3.1점)

② [낮은 수준] 주식과 채권의 차이를 구별할 수 있는 정도 (6.2점)

③ [높은 수준] 투자할 수 있는 대부분의 금융상품의 차이를 구별할 수 있는 정도 (9.3점)

④ [매우 높은 수준] 금융상품을 비롯하여 모든 투자 대상 상품의 차이를 이해할 수 있는 정도 (12.5점)

5. 현재 투자하고자 하는 자금은 전체 금융자산(부동산 등을 제외) 중 어느 정도의 비중을 차지합니까?

① 10% 이내 (15.6점)

② 10% 이상~20% 이내 (12.5점)

③ 20% 이상~30% 이내 (9.3점)

④ 30% 이상~40% 이내 (6.2점)

⑤ 40% 이상 (3.1점)

6. 다음 중 당신의 수입원을 가장 잘 나타내고 있는 것은 어느 것입니까?

① 현재 일정한 수입이 발생하고 있으며, 향후 현재 수준을 유지하거나 증가할 것으로 예상된다. (9.3점)

② 현재 일정한 수입이 발생하고 있으나, 향후 감소하거나 불안정할 것으로 예상된다. (6.2점)

③ 현재 일정한 수입이 없으며, 연금이 주수입원이다. (3.1점)

7. 만약 투자원금에 손실이 발생할 경우 다음 중 감수할 수 있는 손실 수준은 어느 것입니까?

① 무슨 일이 있어도 투자원금은 보전되어야 한다. (-6.2점)

② 10% 미만까지는 손실을 감수할 수 있을 것 같다. (6.2점)

③ 20% 미만까지는 손실을 감수할 수 있을 것 같다. (12.5점)

④ 기대수익이 높다면 위험이 높아도 상관하지 않겠다. (18.7점)

* 20점 이하 안정형, 10점 초과~40점 이하 안정추구형, 40점 초과~60점 이하 위험중립형, 60점 초과~80점 이하 적극투자형, 80점 초과 공격투자형

연간 1천만 원
수익의 의미

최근 불황이 깊어지면서 N잡이 유행이라고 합니다. 'N잡'이란 2개 이상의 여러 직업을 동시에 병행하는 것을 말합니다. 그럼 우리나라에서 N잡러의 수는 얼마나 될까요? 2023년 하반기 잡코리아·알바몬이 진행한 설문조사에 따르면, 직장인 응답자 982명 중 89%가 본업과 병행해 'N잡을 한 경험이 있다'고 답했습니다. 비중이 가장 높은 연령대는 50대 이상(43.1%)이었고, 가장 낮은 연령대는 20대(34.1%)였습니다. '평생직장'이란 말이 과거의 유산쯤으로 여겨지면서 그만큼 부업을 찾는 이들이 많아진 것이죠.

부수입의
진정한 의미

부수입을 얻는다는 것은 결국 '시간'을 벌어들이는 것과 같습니다. 예를 들어 주5일 근무를 한다고 가정하면 한 달 기준 근무일은 약 21일이 됩니다. 내가 본업에서 받는 월급이 100이라면 하루 일당은 약 4.8입니다(100÷21≒4.8). N잡을 통해 월 20의 추가 수익을 벌었다고 가정해볼까요? 하루 4.8을 벌고 있으니 부수입 20은 약 4.2일치 일당에 해당합니다(20÷4.8≒4.2). 즉 부업을 통해 100을 벌던 사람이 120을 번다는 것은 4일가량 일하지 않고도 그만큼의 가치를 얻은 것과 같다는 뜻입니다.

그럼 부업을 꼭 해야 하는 걸까요? 아닙니다. 퇴근 후 남는 시간을 쪼개 부업을 하는 N잡을 우습게 봐서는 안 되지만, 저는 N잡보다는 주식 투자가 훨씬 효율적이라고 생각합니다. 앞서 사회초년생이 회사에서 연봉 1천만 원을 올리는 것보다, 주식 투자로 연간 1천만 원을 버는 쪽이 훨씬 수월하다고 말한 바 있습니다. 부업도 마찬가지입니다. N잡러가 되어 연간 1천만 원 수익을 올리는 것보다, 주식 투자로 연간 1천만 원을 버는 쪽이 훨씬 수월합니다. 효율로 보더라도 내 노동력이라는 리소스보다는 약간의 자산과 노하우로 1천만 원을 버는 것이 낫다고 봅니다.

잡코리아·알바몬의 설문조사에 따르면 직장인 N잡러가 하루 동안 N잡에 투자하는 시간은 평균 3.4시간(약 3시간 24분)이라고 합니다. 3.4시간이면 오후 6시에 칼퇴해도 오후 9시 24분까지 일한단 뜻입니다. 출퇴근에 걸리는 시간까지 감안하면 개인 여가를 완전히 포기한 채 말 그대로 '온종일' 일하는 셈입니다.

주식 투자는 다릅니다. 여타 부업과 비교하면 시간 대비 효율이 압도적으로 높습니다. 기본적인 원리를 익히고 자신만의 매매 원칙을 세운다면, 매일같이 시간을 갈아 넣지 않아도 자산이 스스로 일하게 만들 수 있습니다. N잡은 내 노동력이라는 리소스를 팔아 돈을 버는 구조지만, 주식은 기회비용을 최소화하는 투자 방식입니다. 10만 원, 50만 원, 100만 원처럼 소액으로도 시작할 수 있고 당장 현업을 유지한 채로도 병행 가능합니다. 반면 부업은 체력 소모가 크고, 피로 누적으로 본업에 지장을 줄 가능성도 적지 않습니다.

이제 이 책에서 말하는 연간 수익 '1천만 원'이라는 액수의 의미가 실감 나시나요? 억대 연봉을 받는 사람에게는 그리 큰돈이 아닐 수도 있지만, 이제 막 사회에 첫발을 내디딘 사회초년생에게는 결코 적지 않은 금액입니다. 중요한 건 단순한 액수가 아니라 그 돈을 '어떻게' 벌었느냐에 있습니다. 매일 밤낮 없이 노동력과 시간을 쏟아야만 벌 수 있는 돈이라면 지속가능한 수익이라고 보기 어렵습니다.

주식 투자는 남들보다 빠르고 효과적으로 돈을 모을 수 있는 현실적인 방법입니다. 처음에는 수익이 미미하게 느껴질 수 있지만, 그러한 수익이 꾸준히 쌓이면서 인생을 바꾸는 원동력이 될 수 있습니다.

당신의 실력이
늘지 않는 이유

3년차 직장인 A씨의 핸드폰이 울린다. 월급이 입금되었다는 알림이다. 반가운 소식이지만 넉넉하지 않은 액수를 보면 한숨부터 나온다. 이대로는 안 되겠다 싶어 서점에서 주식 관련 책을 훑어본다. 그 중 제일 눈에 밟히는 책을 골라서 구매를 하고 나름 열공모드에 들어간다. 하지만 책을 읽어도 다시금 바쁜 일상에 파묻히며 내용은 점점 잊혀진다.

시작이 반이라는 말이 있습니다. 저는 동의하지 않습니다. 시작만으로도 상위 5% 안에 든다고 생각해요. 대부분의 사람은 마음속으로는 '오늘부터 시작해야지' 하고 다짐하지만 실천으로 옮기지 않습니다. 실천으로 옮기기만 해도 상위 5% 안에 드는 셈입니다. 실제로 주변을 둘러보면 목표에 도달하기 위해 계획대로 실천하고 있는 사람은 손에 꼽을 만큼 적습니다.

직장인 A씨처럼 주식 책을 읽는 것만으로도 사실 대단한 성과이긴 합니다. 다만 책만 몇 권 읽는다고 모두가 주식으로 수익을 잘 내고 돈을 버는 것은 아닙니다. 그 이유는 무엇일까요?

저는 대학에서 수학을 전공했고 학원 강사로 학생들을 가르치고, 멘토링 활동을 한 적이 있습니다. 그때 항상 강조하던 말이 있습니다.

"수업을 듣는 중에는 이 내용이 이해가 되는 것 같겠지만 그건 아직 선생님 머릿속에 있는 내용이다. 너희 머릿속에 넣으려면 계속 보면서 이해하고 연습해서 내 것으로 만들어야 한다."

문제는 책을 읽거나 강의를 듣는 순간에는 내 머릿속에 들어왔다는 '착각'에 사로잡힌다는 것입니다. 제대로 체화하지 않은 지식은 전달자의 머릿속에 있을 뿐입니다. 내 것으로 만들기 위한 실행과 연습이 절대적으로 중요합니다. 많은 문제집이 개념 설명 뒤에 연습문제로 이어지는 구조를 가지는 것도 그 이유 때문입니다. 수많은 시행착오 끝에, 개념을 이해 한 뒤에 실전(연습문제)을 거쳐 체득하는 것이죠.

주식 투자 역시 마찬가지입니다. 책에서 설명하는 원리를 이해했다면 그에 맞게 소액으로 연습하면서 이해한 내용이 맞는지 검증해봐야 합니다. 여러분도 단순히 이 책을 읽는 데 그치지 말고 반드시 연습과 실행을 통해 실력을 쌓아가길 바랍니다.

실패 없이는 성공도 없다

주식 투자를 시작하긴 했는데 수익은 들쑥날쑥이고 실력은 계속 제자리걸음인가요? 저도 그런 적이 있습니다. 당시에는 무엇이 문제인지 몰랐죠. 그러다 한 가지 습관을 고치고 나서부터 실력이 성장하기 시작했는데요. 바로 매매했던 차트를 복기하는 습관입니다. 〈뉴스룸〉이라는 유명한 미드가 있습니다. 드라마의 첫 인트로 영상에 이런 문장이 나옵니다.

'문제를 해결하는 첫 번째 방법은 문제를 인식하는 것이다.'

실력이 늘지 않고, 매매에서 손실이 발생하고 있다면 '문제'가 있는 것이겠죠. 그런데 나의 문제가 무엇인지 똑바로 보지 못한다면 당연히 해결은 요원합니다. 저는 문제를 인식하기 위해 거래한 종목의 차트를 일지처럼 기록해 복기했습니다. 당시에 저는 일순간 상승하는 종목에 홀려 그릇된 추격매수를 일삼았고, 비싸게 사서 손절하는 경우가 많다는 사실을 깨달았습니다. 문제를 인식했다면 이제 고치기만 하면 됩니다. 매매 기준을 다잡고 마인드 컨트롤을 하면서 안 좋은 습관을 하나씩 고치면 됩니다.

"실패로부터 배운 것이 있다면 이 또한 성공이다."

미국의 기업가 말콤 포브스의 말입니다.

우리는 그동안 실패한 매매를 습관적으로 외면하고 있었는지도 모릅니다. 심리학적으로 자의식 과잉인 경우라고 할 수 있는데요. 자의식은 자아가 손상되지 않도록 도와주는 중요한 역할을 하지만, 투자의 세계에서 자의식이 커지면 잘못된 판단을 하게 됩니다. 자의식이 개입하면 본질적인 원인을 보지 못하고 운이 안 좋았다고 합리화하면서 스스로를 객관적으로 보지 못하게 되죠. 변화하고 성장하기 위해서는 자기 스스로를 알고 마인드를 바꿀 필요가 있습니다.

매매했던 위치와 이유를 돌이켜보면서 잘못 판단한 부분은 따끔하게 피드백해야 합니다. 반대로 잘한 부분은 공식화해서 자신만의 매매기법으로 정립해보세요. 저도 가끔씩 흔들릴 때면 과거의 매매를 복기하면서 변화와 성장을 도모합니다.

증권사부터
정해보자

주식 투자가 아예 처음이라면 당연히 주식을 어떻게 사고 파는지조차 까마득할 텐데요. 첫걸음은 거래할 증권사를 고르는 것입니다. 증권사를 이야기하기에 앞서 저는 어떤 증권사와도 관계가 없음을 밝힙니다. 이번에는 제가 경험을 통해 느낀 내용 위주로 이야기할게요.

우선 증권사는 개인 투자자가 주식을 매수하거나 매도할 수 있게 중개하는 역할을 합니다. 증권사에서 계좌를 개설하고 거래를 하면 수수료가 부과되는데요. 수수료를 받는 대신 증권사는 주식 투자를 간편하게 할 수 있는 다양한 정보와 편리한 기능을 제공합니다. 주식 거래와 관련된 정보부터 시황 정보, 개별 종목에 대한 리서치 보고서, 차트 및 기술적 분석도구 등을 제공하는데요. 이를 통해 개인 투자자는 매매를 결정하는 데 필요한 정보를 얻을 수 있습니다.

참고로 저는 키움증권을 이용하고 있습니다. 키움증권은 개인 투자자 위탁매매 시장에서 업계 1위로, 2024년 기준 업계에서 약 13%의 비중을 차지하며 두각을 드러내고 있습니다. 키움증권의 장점은 다양한 기능을 제공하고 안정적인 매매환경을 제공한다는 것입니다. 제 매매 스타일이 차트와 재료 분석을 기반으로 한 스윙 매매이다 보니 증권사에서 제공하는 정보와 분석 기능을 우선순위로 두고 있는데요. 다른 증권사를 쓰는 제 지인 중에는 갑자기 서버가 터져서 매매가 막히거나 프로그램이 버벅대는 경우가 잦은 반면, 키움증권은 안정적으로 MTS, HTS 서비스를 제공하고 있습니다.

다른 증권사를 사용하는 지인에게 제가 쓰는 유용한 기능을 소개해준 적이 있었는데요. 해당 증권사에서는 그 기능을 제공하지 않거나, 이용하기가 어려워서 사용하지 못하는 경우가 많더라고요. 분석도구를 잘 활용하면 종목을 발굴하고 분석하는 데 드는 시간을 획기적으로 줄일 수 있습니다. 저는 퇴근 후 새로 투자할 만한 종목을 발굴하는 데 드는 시간을 30분 정도로 줄인 바 있습니다.

뒤에서 자세히 다루겠지만 증권사에서 제공하는 여러 기능 중 제가 자주 쓰는 기능은 다음과 같습니다.

1. **조건검색, 실시간조건검색**: 종목 발굴 시 시간을 줄여줍니다.
2. **자동일지차트**: 나의 매매(매수·매도) 위치를 보여줘서 매매를 복기하거나 피드백 시 유용합니다.
3. **각종 차트**: 재무차트, 업종종합차트 등 종목의 현재 상태 및 시황 파악에 유용합니다.
4. **보조지표**: 볼린저밴드, MACD, RSI, 거래대금 및 사용자 지표 커스터마이징 등 다양한 보조지표가 있습니다.
5. **스탑로스, 자동감시주문**: 사용자 조건 입력 후 자동 매도 기능을 이용할 수 있습니다. 여러 변수에 대응하고 손실폭을 제한해주는 기능입니다.

원활한 주식 거래를 위해서는 트레이딩 시스템의 도움을 받아야 하는데요. 모바일 앱을 이용하는 경우 MTS(Mobile Trading

System)를, 집에서 PC를 통해 매매를 하는 경우 HTS(Home Trading System)를 이용해야 합니다.

MTS, HTS 설치하기

주린이를 위해 제가 이용 중인 키움증권의 MTS, HTS를 설치하는 방법을 소개하겠습니다.

방법은 간단합니다. 아이폰은 App Store에서, 안드로이드는 Google Play에서 '키움증권'을 검색해 '영웅문S#'을 다운로드합니다. 이후 신규회원을 위한 '종합계좌개설'을 선택해 가입 절차를 진행합니다. 가입 후에는 간편한 로그인과 보안을 위해 '인증/보안' 메뉴에서 '간편인증' 혹은 '공동인증' 등록 절차를 진행합니다.

주식 거래 앱을 직접 설치해보니 어떤가요? 첫 매매를 위한 발걸음을 이제 막 뗀 것입니다. 이제 스마트폰으로 간단하게 주식을 사고팔 수 있습니다. 그동안 심리적인 장벽이 높았을 뿐 마음만 먹으면 언제든지 시작할 수 있는 것이 주식 거래입니다.

이번에는 HTS입니다. 컴퓨터로 키움증권 사이트(www1.

① '영웅문S#' 다운로드

② '종합계좌개설' 선택

④ '간편인증' 혹은 '공동인증' 등록

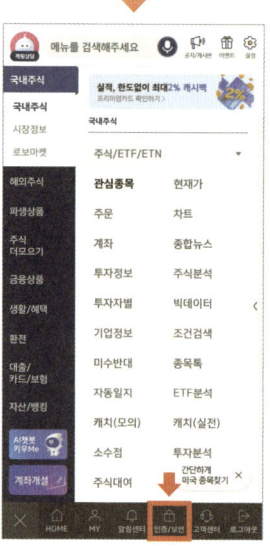
③ 로그인 화면 하단 '인증/보안' 선택

◆ 키움증권 홈페이지에서 '다운로드' 선택

◆ 영웅문4 '설치하기' 선택

kiwoom.com)에 접속합니다. 키움증권 홈페이지에서 상단 메뉴 중 '다운로드'를 선택합니다. 트레이딩 시스템 영웅문4 '설치하기' 버튼을 눌러 다운로드를 진행합니다. 참고로 국내 주식이 아닌 해외 주식 거래를 원한다면 '영웅문 Global'을 설치해야 합니다.

    주식 거래를 위한 준비는 모두 끝났습니다. 이제 개념부터 차근차근 배우며 안정적인 투자 여정을 시작하겠습니다. 2장에서는 기술적인 부분을 배우기에 앞서 가장 중요한 투자의 본질인 '돈의 흐름'에 대해 배워보도록 하겠습니다.

2장

투자의 본질: 돈의 흐름

투자로 돈을 버는
아주 단순한 진리

관건은
수요와 공급

주식, 부동산 등 모든 투자의 개념을 관통하는 제일 중요한 원리가 있는데요. 바로 돈의 흐름입니다. 우리가 투자로 금융소득을 얻을 수 있는 이유는 어떤 상품이나 서비스에 자금이 몰리면 가격이 오르고, 반대로 자금이 빠지면 가격이 떨어지는 성질 때문입니다.

간단하게 예를 들어볼게요. 대한민국에서 일자리가 제일 많고 편리한 인프라가 잘 구축되어 있는 지역은 단연 서울입니다. 그러다 보니 전국에서 서울로 사람들이 몰려들었고 서울 집값은 계속해서 올라갔습니다. 물론 집값에 영향을 주는 세부적인 요소는 다양하지만, 결국 핵심은 수요가 공급보다 많았다는 것입니다. 즉 서울이라는 특정 지역으로 돈이 몰리면서 가격이 상승했다고 생각하면 이해가 쉽습니다.

좀 더 일상적인 주제로 이야기해보겠습니다. 예전에 허니버터칩 대란이 있었죠. 너도나도 허니버터칩을 사겠다고 몰리면서 수요가 폭등했고, 그 결과 정가는 그대로였지만 중고거래에서 과자 한 봉지의 가격이 2배에서 10배까지 뛰게 됩니다. 이 역시 돈이 몰렸기 때문에 가격이 오른 사례입니다. 최근에도 원소주, 점보도시락과 같은 경우 품귀 현상이 나타난 바 있습니다. 이처럼 수요와 공급의 불균형에 따라 가격이 오르내리는 것은 투자의 가장 기본적인 원리입니다.

이번에는 같은 원리를 주식 시장에 적용해보겠습니다. 코로나19 발생 이후 엄청난 상승장이 왔었죠. 여러 요인이 있겠지만 저금리로 인한 유동성 증가를 주요인으로 볼 수 있습니다. 금리가 낮다 보니 상대적으로 대출 이자 부담이 적고, 대출을 통해 보유할 수 있는 현금이 늘어났습니다. 이렇게 현금이 늘어난 개개인이 모

◆ 코로나19 팬데믹 시기 코스피 차트

여 집단을 이루면서 유동성이 어마어마하게 커졌습니다. 이 돈이 주식, 암호화폐, 부동산 등에 흘러들어가면서 투자자산의 가격이 폭등한 것이죠. 앞서 언급한 돈의 흐름에 따른 가격 변화의 대표적인 예입니다.

　이후 시장이 위축된 이유는 지나친 자산 가격의 상승으로 인플레이션이 도래했기 때문입니다. 각국 정부는 유동성 회수를 위해 금리 인상을 단행합니다. 대출을 통해 레버리지를 일으켰는데 대출금리가 인상되면 어떻게 될까요? 이자에 대한 부담이 피부로 느껴지면서 기존의 투자자산을 회수해 원금을 상환하겠죠. 이러한 현상이 확대되면서 자산 시장에서 돈이 빠져나가는 흐름이 이어졌고, 이에 따라 주식과 부동산의 가격도 하락하게 됩니다. 이것

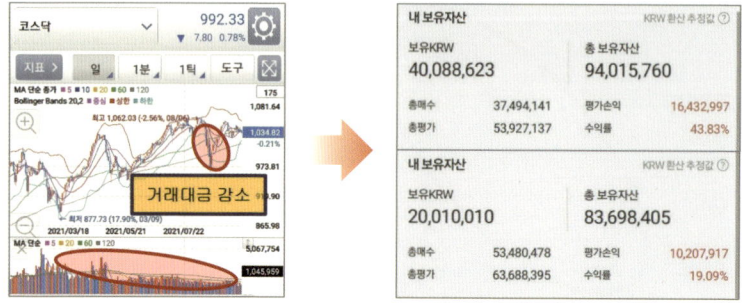

◆ 거래대금이 감소하며 하락한 주식 시장(왼쪽)과 같은 시기 큰 폭으로 오른 암호화폐(오른쪽)

이 2022년의 하락장을 가장 쉽게 설명하는 방법이라 생각해요.

최근에는 주식과 암호화폐가 커플링으로 비슷한 흐름을 보이고 있습니다. 그런데 2021년을 돌이켜보면 디커플링으로 다른 모습을 보인 시기가 있었습니다. 2021년 7~8월쯤 국내 증시는 하락장으로 분위기가 좋지 않았습니다. 과거 대비 거래대금이 줄어들면서 시장에 악재로 작용했죠. 반면 암호화폐 시장은 호황이었는데요. 저는 이때 주식 시장에 투입된 자금이 회수되고 코인 시장으로 돈이 몰리고 있다고 판단했습니다. 그 흐름에 올라타 투자금을 이동시켰고 큰 수익을 볼 수 있었죠. 이때 투자금을 옮긴 것만으로 1천만 원 이상의 수익을 봅니다.

돈의 흐름에 대한 개념은 투자의 본질과 연결됩니다. 이 원리를 나무부터 숲까지, 작게는 종목 단위부터 크게는 테마와 지수까지 넓혀서 적용할 예정입니다. 여러분을 주식 초보 탈출의 지름길로 안내하겠습니다.

핵심은 거래량

돈의 흐름이 얼마나 중요한지를 배웠습니다. 종목 차트에서 돈의 흐름을 직관적으로 읽을 수 있는 지표가 있습니다. 바로 거래량과 거래대금입니다. 거래량이란 주식 시장에서 특정 기간 동안 매매된 주식의 수량을 나타내며 일봉이 기준일 경우 하루 동안 발생한 거래량을 말하고, 1분봉이 기준일 경우 1분 동안 발생한 거래량을 의미합니다. 여기서 거래량을 금액으로 표시한 것이 거래대금입니다.

거래량은 개별 종목 단위에서 돈의 흐름을 나타낼 수 있는 가장 간단하면서 중요한 지표라고 할 수 있습니다. 거래량이 중요한 이유는 크게 3가지입니다.

첫 번째, 거래량이 많다는 것은 일반적으로 시장에 적극적으로 참여하는 구매자와 판매자가 많다는 것을 나타냅니다. 이를 통해 투자자는 시장가에 큰 영향을 미치지 않고 주식을 보다 쉽게 사고팔 수 있는데요. 높은 거래량은 시장 유동성을 보장하는 데 도움이 됩니다. 반대로 거래량이 너무 적은 경우 팔고 싶어도 못 파는 경우가 생길 수 있기 때문에 주의가 필요합니다. 이런 종목에 들어가면 투자금이 오랜 기간 묶일 수 있으니 조심하기 바랍니다.

두 번째, 거래량은 가격 추세의 강도를 나타내는 핵심 지표입니다. 쉽게 설명하면 상승하는 차트에 거래량이 동반된다면 강한 상승이라고 할 수 있고, 반대로 가격이 상승 중이지만 거래량이 동반되지 않는다면 언제든 쉽게 추세가 꺾일 수 있습니다. 저는 거래량이 적은 차트를 '가볍다'고 표현합니다. 이런 가벼운 차트에 올라탔다가는 갑작스럽게 음봉을 맞고 추락할 수 있어 주의해야 합니다. 거래량을 동반한 무거운 상승이라면 그만큼 갑작스런 추세 전환의 확률은 줄어듭니다. 이런 경우 상승에 함께 올라탈 기회가 생길 수 있어 타이밍을 잘 노려야 합니다.

정리하면 가격이 상승하는 날에 주식의 거래량이 많다면 추세가 강하고 계속될 가능성이 있다는 신호입니다. 반대로 가격이 상승하는 날에 주식의 거래량이 적다면 이는 상승 추세가 약해지거나 역전되고 있다는 신호일 수 있어요. 이렇게 거래량은 매매 기준을 세우는 데 도움이 되는 중요한 기준이 됩니다. 주식 시장은 초보부터 고수까지 모두 한 방에 모여 참여하는 포커게임이라고 볼 수 있습니다. 초보라고 봐주는 것 없는 냉정한 세계입니다. 이러한 세계에서 플레이어들이 어떤 카드(변수)를 갖고 있는지 아는 것은 굉장히 중요합니다. 그 카드의 힌트가 바로 거래량에 담겨 있습니다.

세 번째, 차트를 분석하면서 거래량이 높은 날이 있다면 '특징주' 등으로 불리며 뉴스나 재료가 붙어 있을 확률이 높습니다. 흔적을 쫓아 어떠한 뉴스나 재료가 있는지 분석하는 것이 중요합니다. 결국 뉴스, 재료가 있다는 것은 상승의 명분이 있다는 것이고, 시장의 플레이어들이 그 내용에 관심을 갖고 돈이 몰릴 확률이 높습니다. 뉴스, 재료 분석은 HTS, MTS를 이용해 검색하거나, 네이버나 구글 등에서 직접 검색해볼 수 있습니다. 특별한 방법이 있는 것은 아니고 남보다 한 번 더 검색해보는 부지런함만 있으면 됩니다.

누누이 강조하지만 주식 시장은 초보부터 고수까지 함께 참여하는 게임입니다. 분석에 부지런할수록, 즉 하나라도 더 아는 쪽이 유리한 위치를 선점할 수 있습니다. 반대로 치밀한 분석 없이 가만히 수익이 나기를 기다린다면 상대적으로 불리한 위치일 수밖에 없습니다.

거래량은 주가의 그림자이고 세력의 발자취입니다. 사실 저도 처음부터 거래량을 중요하게 본 것은 아니었어요. 오히려 보조지표에 꽂혀서 보조지표와 관련된 책만 공부한 적이 있습니다. 다른 보조지표 중심의 매매로 수익이 날 때도 있었지만 결과는 파란불 행진이었습니다. 수년이 지나고 거래량의 중요성과 활용법을 깨달은 뒤에야 계좌에 큰 개선이 일어났어요. 거래량을 통해 세력의 흔적을 파악할 수 있었고, 유리한 위치를 선점할 수 있었죠. 최종적으로는 꾸준한 수익으로 이어졌습니다.

여기서 세력이란 큰 자금을 통해 주가를 움직이고 수익을 추구하는 존재라고 정의할 수 있는데요. 반대로 우리와 같은 개인 투자자를 소위 '개미'라고도 합니다. 세력의 흔적을 파악하기 위해서는 우선 세력의 특성을 이해할 필요가 있습니다. 세력은 주식 시장에서 돈을 벌기 위해 참여한 플레이어로서, 자선행사나 봉사활동을 하러 온 것이 아닙니다. 개인과 자금 규모에서 차이가 날 뿐 수익을 추구하는 것은 똑같습니다. 그렇기에 그들의 흔적을 찾을 수 있다면 오히려 이용할 수 있습니다.

기본적으로 정공법으로는 개미는 세력을 이길 수 없습니다. 이 점을 명심해야 합니다. 비유하자면 이 세계는 돈이 많을수록 유리한 베팅게임과도 같습니다. 그리고 초보와 고수가 모두 모여 같은 판에서 게임을 진행하죠. 너무나 불리한 게임이기 때문에 우리

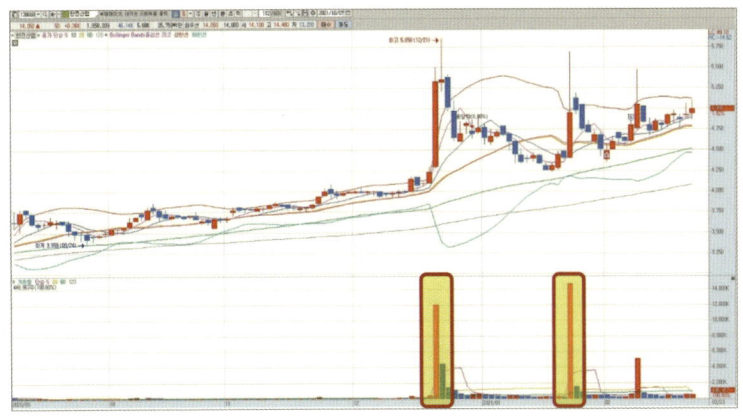

◆ 거래량을 통해 확인 가능한 세력의 매집

의 전략은 1등을 하겠다, 세력을 이기겠다가 아닌 세력이란 파도에 올라타 꼴등을 피하는 전략을 펼쳐야 합니다.

자, 그러면 이제 세력의 행동 패턴을 살펴보겠습니다. 세력이 주가를 움직여 수익을 거두기 위해서는 필수적으로 '매집'이란 행동을 해야 합니다. 매집이란 해당 종목의 보유량을 늘리는 것인데요. 보유량이 많을수록 행사할 수 있는 영향력이 커지고, 영향력이 큰 만큼 가격 상승과 하락에 대한 주도권을 갖기 때문입니다.

큰 영향력을 행사하기 위해서는 많은 양을 매수해야 하기 때문에 거래량이란 흔적을 남기게 됩니다. 큰 거래량을 동반한 가격 급등은 개인 투자자 홀로 만들 수 없기 때문에 세력이 동반했을 확률이 높습니다. 이렇게 거래량을 통해 세력의 흔적이 있는 세력주를 쫓는다면 유리한 위치를 선점할 수 있습니다.

앞으로 거래대금을 통해 수급을 확인하는 부분이 많이 나올 것입니다. 물론 거래량으로 봐도 맥락은 동일하지만, 거래대금으로 볼 경우 절대적인 금액 수치를 확인할 수 있어 저는 주로 거래대금을 이용합니다. HTS에서 거래대금을 추가하는 방법은 어렵지 않습니다. 키움증권에서 특정 종목의 차트를 보고 있다면, 좌측 상단 '지표' 메뉴를 누르고, '보조지표' 메뉴에서 '하단지표'를 누른 다음, 여러 지표 중 '거래대금'을 선택하면 됩니다. 그러면 보고 있던 차트 하단에 거래대금이 바로 추가됩니다. 어렵지 않죠? 다음의 순서대로만 클릭하면 어렵지 않게 거래대금 보조지표를 추가할 수 있습니다.

종목 차트 → 지표 → 보조지표 → 하단지표 → 거래대금 선택

테마를 알면
종목이 보인다

아무리 하락장이라고 해도 상한가 또는 20% 이상씩 상승하는 종목이 있습니다. 이런 종목을 자세히 보면 개별로 움직이는 사례도 있지만 대부분 테마를 형성하고 있습니다. 테마주란 특정 이슈나 사회적 현상 등에 의해서 상승하거나 하락하는 종목군을 말합니다. 예를 들어 팬데믹, 2차전지, 원자력발전소, 인공지능, 로봇 등 특정 재료를 중심으로 관련된 종목이 모여 테마를 형성합니다. 여기서 당일 상승한 테마 중에서도 제일 강한 테마를 주도테마라고 합니다. 그 주도테마 안에서도 제일 강한 종목을 주도주 또는 대장주라고 부릅니다.

거래량이 종목 단위의 돈의 흐름이라면 테마는 한 단계 높은, 더 높은 차원의 돈의 흐름이라고 할 수 있습니다. 현재 국내 증시에는 약 200여 개 이상의 다양한 테마가 형성되어 있습니다. 국내 증시는 테마로 군집을 형성해 상승하는 패턴이 굉장히 뚜렷하게 나타나기 때문에, 테마를 모르고 투자를 한다면 상대적으로 불리할 수밖에 없습니다.

주도테마를 찾아서

저는 SNS(인스타그램, 블로그)를 통해 '월간테마' 콘텐츠를 발행하고 있습니다. 당일의 주도테마와 주요 상승 종목이 정리되어 있습니다. 투자자라면 주도테마가 어떤 이유로 상승했는지 확인하는 것이 중요한데요. 상승의 이유를 분석함으로써 재료의 강도를 파악할 수 있고, 어떠한 명분으로 오늘 시장에서 돈이 몰렸는지를 파악할 수 있습니다. 당일 상승한 테마와 종목을 분석하는 것만으로도 돈의 흐름을 파악하고 투자 종목을 선정하는 데 큰 도움이 됩니다.

여기서 한 걸음 더 나아가 언제 어떤 테마가 강세였는지 월간 캘린더 형식으로 정리한다면 그 흐름을 한눈에 파악할 수 있습니다.

테마를 파악하는 것만으로도 꽤나 많은 기회가 창출되는데요. 돈의 흐름이란 관점에서 물줄기에 비유해보겠습니다. 약한 물줄기는 단발성으로 흐르고 끝날 확률이 높지만, 강한 물줄기는 한 번에 끝나지 않고 연속적인 물의 흐름을 만들곤 합니다. 네, 그렇습니다. 강한 테마는 한두 차례 상승으로 끝나지 않고 연속적인 상승 또는 주기적인 상승을 만들어냅니다.

예를 들어 2023년 2월에 가장 강했던 주도테마는 챗GPT를 필두로 한 AI 챗봇이었습니다. 2월 주식 시장 20거래일 중 11일간 주도테마로 활약할 정도로 강한 흐름을 보여줬습니다. 오픈AI의 대화형 AI 서비스 챗GPT는 기존의 AI 챗봇을 압도하는 성능을 보여주면서 대화형 AI가 검색 서비스까지 대체할 수 있다는 평가가 나왔습니다. 검색 서비스를 대체한다는 것은 구글의 시대가 끝나고 새로운 시대가 온다는 뜻이기도 합니다. 엄청난 재료라고 할 수 있겠죠. 'Google is done'이라는 기사 제목까지 붙을 정도였으니까요. 이후 챗GPT뿐만 아니라 해외 유수의 기업과 국내 대기업이 여러 챗봇을 출시합니다. 그 결과 그해 2월은 관련주가 정말 광기의 상승을 보여줍니다.

◆ 2023년 2월 월간테마 내역

    테마주에서 대장주를 찾는 방법은 간단합니다. 첫 번째로 테마 종목 중 상승률이 제일 높은 종목을 추립니다. 두 번째로 상승률이 비등비등한 경우 거래대금을 봅니다. 결국 테마도 핵심은 돈의 흐름입니다. 어디에 제일 많은 돈이 몰렸는지 궁금하다면 거래대금을 보면 되겠죠?

    이제 제일 중요한 부분인 테마를 평가하는 방법에 대해 알아보겠습니다. 좋은 테마란 무엇일까요? 투자의 목적을 상기해보면 수익을 가져다주는 테마가 우리에게 가장 좋은 테마입니다. 결국 앞으로의 상승 여부가 수익을 판가름할 것입니다. 앞으로의 상승 여부가 곧 미래 가치라고 볼 수 있습니다. 일회성으로 소멸되는 재료는 걸러야 한다는 말입니다. 예를 들어 총선, 대선 시즌이 되면 정치 테마주가 떠오릅니다. 이러한 테마주는 선거 전 기대감으로 상승하다가 결과 발표 후 하락하곤 합니다. 또 바이오 종목 역시 임상 발표 전에 기대감으로 상승하다가 임상에 성공했다는 뉴스가 떴는데도 오히려 하락하는 경우도 있습니다. 이 밖에 게임 출시를 앞둔 게임사도 비슷한 케이스입니다.

그다음으로 봐야 할 것은 해당 테마의 신선도입니다. 과거에 이미 많이 우려먹은 테마라면 하락 리스크가 올라갈 수 있습니다. 이 재료로는 상승이 기대되지 않는 순간이 오게 되니까요.

마지막으로 제일 중요하다고 생각하는 것은 테마의 강도입니다. 테마의 강도는 돈의 흐름을 통해 알 수 있습니다. 해당 테마로 전체적으로 얼마나 큰돈이 흘러 들어가는지 거래대금을 통해 확인하면 됩니다. 딱 절대적인 수치를 기준으로 두기보다는 일정 기간을 두고 테마 간의 거래대금을 비교해보기 바랍니다. 하루 상승하고 끝나는 테마와 한 달을 주도하는 테마의 거래대금 차이는 어마어마합니다. 테마가 장기간 이어지고 강도가 세다면 그만큼 시장의 기대가 크다는 뜻입니다.

　이 밖에 차트 외적으로는 영향력을 봅니다. 이 부분은 상대적인 비교를 통해 이해하면 쉬운데요. 예를 들어 국내 특정 지역에서 발생한 수주 이슈는 시장의 이목을 확 사로잡지 못하지만, 코로나19 팬데믹이나 러시아-우크라이나 전쟁 등과 같은 글로벌 이슈는 관심도가 크고 오래도록 지속될 가능성이 높습니다.

주린이를 위한
지수 흐름 파악법

운전을 할 때 좌우를 살피지 않고 앞만 보고 운전한다면 어떻게 될까요? 사고가 날 확률이 높겠죠? 주식 투자를 할 때 시장의 흐름을 살피지 않고 종목만 보고 투자하는 것 역시 사고 위험을 높이는 일입니다. 종목만 보고 투자를 한다는 것은 나무만 보고 숲은 보지 않는다는 뜻입니다. 주식 시장에서 숲은 지수(종합주가지수)입니다. 지수는 거의 모든 종목의 주가 변동을 날마다 종합해 표현한 지표로, 국내 증시는 대표적으로 코스피(KOSPI)와 코스닥(KOSDAQ)으로 구분됩니다. 코스피에는 우리나라를 대표하는 우량 대형 기업이 속해 있습니다. 삼성전자, 네이버, 카카오 등 전 국민이 이름을 아는 대표 기업이 코스피에 속해 있습니다. 코스닥은 코스피보다는 규모가 작지만 성장 가능성이 높은 기업이 중심이 되는 형태라고 보면 됩니다.

지수 흐름을 쫓는 방법

지수란 종목들의 주가 변동을 '종합'한 지표이므로 지수의 흐름은 시장 전체의 흐름이라고 이해할 수 있습니다. 지수만 보고 시장의 추이를 매일 정확히 예측하는 것은 불가능하지만, 방향성을 알려주는 중요한 보조지표가 있습니다. 바로 MACD입니다. 장단기 이동평균선 간의 차이를 이용해 매매 신호를 포착할 수 있습니다.

코스피 차트를 보겠습니다. MACD 데드 크로스 이후에는 시장이 당분간 하락할 것으로 예상할 수 있습니다. 이 경우 종목 보유 또는 매수 비중을 상대적으로 줄이고 대신 현금 비중을 늘려 시장 하락에 대응합니다. 반대로 MACD 골든 크로스 이후에는 시장이 당분간 상승할 것으로 예상할 수 있습니다. 이 경우 종목 보유

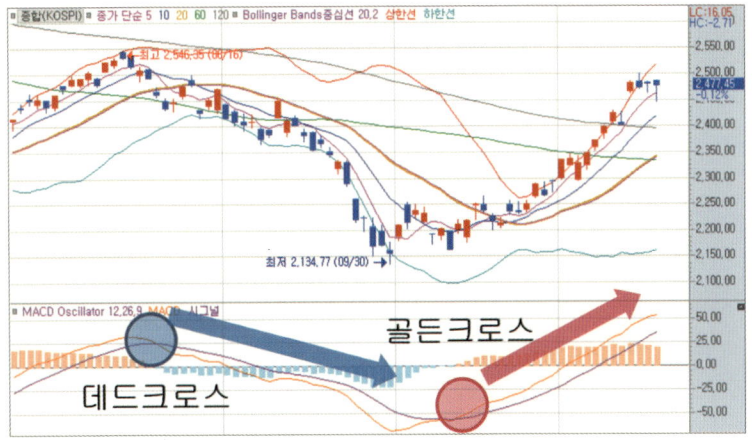

◆ MACD를 통해 살펴본 코스피의 데드 크로스, 골든 크로스

또는 매수 비중을 상대적으로 높이고 그만큼 현금 비중은 줄이는 방식으로 대응합니다. 물론 시장의 변동이 큰 시기에는 지수의 방향성도 급작스럽게 바뀔 수 있지만, 지수는 말 그대로 모든 종목을 종합한 '큰 물줄기'이기 때문에 '작은 물줄기'인 개별 종목보다는 무겁고 우직하게 움직이는 편입니다 그렇기에 MACD를 통해 단기간 움직임을 어느 정도 예상할 수 있는 것이죠.

이것도 돈의 흐름과 연결이 되죠? 지수 흐름과 상관없이 눈 가리고 소위 '풀매수'를 유지하다가 쓴맛을 보는 투자자가 적지 않습니다. 시장 상황에 맞춰 유동적으로 비중 조절을 할 줄 알아야 주식 초보에서 탈출할 수 있습니다.

지금까지 돈의 흐름을 중점에 두고 종목 단위 거래량, 테마, 지수로 시야를 점차 넓혀왔는데요. 이제 이 나무부터 숲까지의 흐름을 연결하는 연습이 필요합니다. 물의 흐름으로 다시 비유해보죠. 작은 물줄기부터 중간 물줄기, 그리고 큰 물줄기까지 물의 흐름은 결국 어디론가 연결되어 있기 마련입니다. 나눠서 설명했지만 크게 봤을 때 '하나'인 것이죠. 지수에서 개별 종목까지 톱다운으로 내려가봅시다.

지수가 상승하는 흐름이라 가정해보겠습니다. 지수가 상승하는 와중에도 오르는 테마가 있고 떨어지는 테마가 있겠죠. 이 중 지수 상승을 견인하는 것은 바로 주도테마일 것입니다. 여기가 첫 번째 포인트입니다. 우리는 지수 상승과 맞물려 상승하고 있는 테마에 올라타야 합니다. 반대로 말하면 지수가 상승하고 있는 와중에 소외된 테마를 고르면 남들은 축제일 때 나만 손가락을 빨고 있는 상황이 됩니다. 돈의 흐름이 중요하다고 누누이 강조했는데 그 흐름에 역행해선 안 되겠죠.

상승하는 테마를 골랐다면 해당 테마 내에 있는 종목들을 분석해야 합니다. 테마 안에서도 순위가 나뉘는데요. 상승률과 거래대금을 기준으로 대장주부터 아래로 순위가 매겨질 것입니다. 테마 안에서도 돈의 흐름이 강한 대장주를 매매하는 것이 대체로 유리합니다. 물론 이건 차트상의 위치와 재료 등을 종합해서 판단해야 하고, 상황에 따라 달라질 수 있으니 유동적으로 판단하면 됩니다. 이 작업만 잘해도 수익은 극대화되고 손실은 줄어드는 효과를 볼 수 있습니다.

돈의 흐름을 쫓는다는 개념만 머릿속에 잘 익혀놓으면 이제 유튜브, 지인, 리딩방 등 외부 의견에 흔들리는 일은 없을 것입니다. 주체적으로 흐름을 파악하고, 종목을 고르고, 매매 타이밍을 결정하는 독립을 이룰 수 있습니다.

경제의 나침반, 미국 증시

주린이를 위한 모닝 루틴

아침에 일어나자마자 항상 확인하는 것이 있습니다. 바로 네이버에 '미국 증시'라고 검색하는 것인데요. 밤 사이 미국 증시에 무슨 일이 생겼는지 확인하기 위함입니다. S&P500, 나스닥, 다우존스 등 미국 증시의 주요 지수의 등락을 확인하고 그 사유를 살펴봅니다. 그리고 그 결과를 매일 정리해서 인스타그램 스토리로 올려 팔

로워들에게 공유합니다.

이러한 습관이 중요한 이유는 밤 사이 글로벌 증시의 변동에 따라 국내 증시가 큰 영향을 받기 때문입니다. 국내 장이 열리는 아침 9시 전에 변수를 하나 알고 시작하는 셈입니다. 예를 들어 어떠한 사유로 미국 증시가 3~4%가량 폭락했다면, 높은 확률로 국내 증시도 비슷한 흐름을 보이게 됩니다. 국내 증시에서도 외국인이 차지하는 비중이 높다 보니 글로벌 흐름과 그 결을 같이 하는 경우가 많습니다. 조금 안 좋게 말하면 종속적인 경우가 많습니다. 미국 증시가 하락하면 국내 증시도 높은 확률로 하락하지만, 미국 증시가 상승한다고 국내 증시가 무조건 상승하는 건 또 아니거든요. 이것 또한 돈의 흐름으로 설명할 수 있습니다. 돈의 흐름을 보면 국가별 증시는 독립적이지 않습니다. 전 세계인의 자금이 글로벌로 연결되어 있죠. 여기서 미국 증시와 국내 증시를 비교해보도록 하겠습니다.

미국 증시와 국내 증시 중 어느 쪽으로 돈이 몰릴까요? 네, 미국 증시입니다. 전 세계 아무나 붙잡고 무작위로 "미국 증시와 한국 증시 중 어디에 투자할래?"라고 묻는다면 대부분 미국 증시라고 답할 것입니다. 창출하는 가치의 규모나 안정성 측면 등 종합적인 판단의 결과입니다. 시가총액만 놓고 보면 한국 주식 시장은 전

◆ 네이버에서 살펴본 S&P500 차트

◆ 네이버에서 살펴본 나스닥 차트

세계 주식 시장에서 약 1.5~2% 비중에 불과합니다. GDP만 놓고 보면 세계 10대 경제대국이지만 주식 시장은 빈약한 편이죠. 1위는 단연 미국 증시입니다.

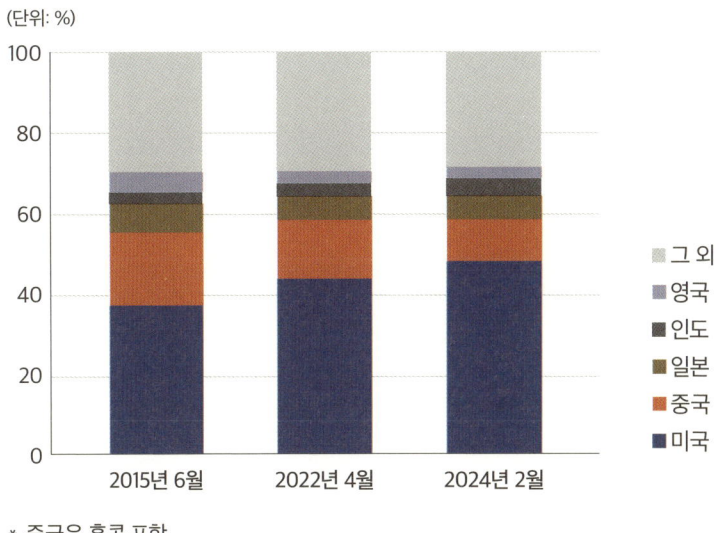

글로벌 자금은 상대적으로 미국으로 쏠립니다. 미국 증시는 장기 우상향의 모양을 보여주는 반면, 국내 증시는 어느 정도 박스권에 갇혀 있는 양상입니다. 결론적으로 글로벌 경제 지표 및 이벤트가 여러 국가에 영향을 미칠 수 있다는 부분을 이해하고, 특히 영향도가 높은 미국 증시의 흐름이 작은 줄기인 국내 증시에까지 영향을 끼친다는 부분을 이해해야 합니다. 따라서 아침마다 미국 증시를 확인하는 것은 사소하지만 아주 중요한 습관이라고 할 수 있습니다.

미국 증시를 확인하는 것은 어려운 게 하나도 없습니다. 매일 아침 출근길 버스나 지하철에서 네이버에 '미국 증시'라고 검색하는 것이 전부입니다. 미국 증시의 상승 또는 하락을 확인하고, 뉴스 탭에서 주요 요인이 무엇인지 확인하는 작업을 합니다. 3분도 안 걸립니다. 뇌과학에 따르면 새로운 행동을 습관화하는 데 평균 21일이 걸린다고 합니다. 첫 21일만 잘 실천하면 행동이 몸에 배어 루틴으로 자리할 것입니다.

환경 변수,
금리와 환율

각국의 중앙은행은 금리를 경제 내 자금 흐름을 조절하는 주요 수단으로 활용합니다. 경기 침체기가 오면 대출을 장려하고 화폐 공급을 늘리기 위해 금리를 낮추고, 경기 확장기에는 대출을 억제하고 인플레이션을 늦추기 위해 금리를 인상하는 결정을 내립니다. 금리는 모든 자산 시장에 영향을 주기 때문에 주식은 물론 부동산 투자자 역시 꼭 알아야 할 요소입니다.

    금리는 글로벌 경제와 밀접하게 연결되어 있습니다. 한국은행의 기준금리 변화만 보는 것이 아니라 미국 중앙은행의 기준금리 변동을 연계해서 봐야 합니다. 이러한 지표를 볼 때는 현재 수치에 집중하기보다는 변화에 집중하는 것이 좋습니다. 현재의 상태보다 앞으로의 변화가 훨씬 더 중요합니다. 예를 들어 지금 금리가 굉장히 낮은 상태지만 앞으로 금리가 오를 예정이라면, 유동성 회수가 시장에 미칠 영향을 예측해야 합니다. 유동성이 회수되면 아마도 시장이 하락할 확률이 높겠죠.

기준금리 확인하기

네이버에 '기준금리'라고 검색하면 현재 시점의 기준금리를 보여줍니다. 여기서 더 자세히 보고 싶은 국가의 중앙은행 기준금리를 클릭하면 월별 기준금리 추이를 확인할 수 있습니다.

개인적으로 차트를 통해 트렌드를 확인하는 것을 좋아하는데요. 인베스팅닷컴(investing.com)을 추천합니다. 인베스팅닷컴에서 미국 연준(FED) 기준금리를 선택하면 차트를 통해 금리 변화를 확인할 수 있습니다. 저금리가 이어진 2020년 코로나19 팬데믹 시기부터 2022년 금리 인상기까지의 변화를 간편히 확인할 수 있습

◆ 네이버에서 살펴본 각국 중앙은행 기준금리

◆ 인베스팅닷컴에서 살펴본 미국 기준금리 추이

니다.

이번에는 환율의 중요성에 대해 알아보겠습니다. 환율이란 돈의 교환비율로, 화폐 간 환전비율이라고 이해해도 좋습니다. 우선 여기서 말하는 환율은 기축통화 달러가 기준이 되는 원달러 환율을 말합니다. 사실 환율과 주식 시장의 관계는 직접적이기보다는 간접적이고 복잡합니다. 상황에 따라 다르므로 해석의 여지가 많습니다. 기업 단위로 보면 기업의 수출입 의존도에 따라 유불리가 나뉘기도 하니까요. 다만 돈의 흐름의 관점에서 볼 필요가 있습니다. 환율이 국내 주식 시장에 미치는 큰 흐름을 알아야 한다는 뜻입니다.

국내 증시의 대표적인 투자 주체는 개인, 기관, 외국인 투자자입니다. 이 중 외국인 투자자의 자금이 국내 주식 시장에 미치는 영향이 작지 않습니다. 코스피 외국인 지분율 추이를 보면 최근에 조금 낮아졌지만 꾸준히 30% 이상임을 알 수 있습니다. 실제로 2000년대 34.1%, 2010년대에도 33.4%가량이었습니다. 30%면 굉장히 큰 비중이다 보니 외국인 수급만 보고 매매하는 분도 있을 정도입니다. 외국인 수급에 따라 지수가 등락하는 경우가 많아서 그렇습니다. 여기서 원달러 환율이 중요한 이유는 외국인 투자자로 하여금 한국 주식 매력도에 영향을 줄 수 있기 때문입니다.

우선 환율에 대해 헷갈려 하는 분이 많아 간단히 설명해보겠습니다. 보통 원달러 환율이란 1달러당 원화의 가격으로 표시됩니다. 예를 들어 원달러 환율이 1,300원이면 1달러에 1,300원이란 뜻입니다. 또 환율의 변화와 관련해서 원화 강세와 원화 약세라는 표현을 쓰는데요. 원화가 강세라는 것은 원화의 가치가 높아졌다는 말로 1달러로 바꿀 수 있는 원화의 금액이 낮아진다는 뜻입니다. 반대로 원화가 약세라는 것은 원화의 가치가 낮아졌다는 말로 1달러와 바꾸기 위한 원화의 액수가 전보다 많이 필요해졌다는 뜻입니다. 앞서 금리와 마찬가지로 현재 환율보다는 변화 추세를 읽

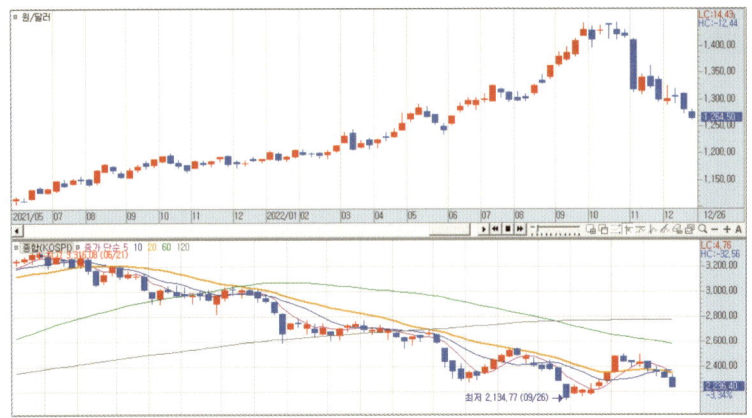

◆ 2021년 7월~2022년 10월 원달러 환율(위)과 코스피(아래)

는 것이 중요합니다.

다시 돌아와서 환율과 주식 시장의 상관관계를 알아보겠습니다. 예시로 2021년 7월부터 2022년 10월까지 쭉 이어진 하락장을 살펴보겠습니다. 원달러 환율과 국내 증시 지수 그래프를 보면 직관적으로 이해됩니다. 큰 흐름상으로 반비례 관계를 보여주고 있죠.

원달러 환율이 1천 원인 상태에서 외국인이 국내 증시에 1천 달러를 투자했다고 가정해봅시다. 투자한 주식의 가격은 변동이 없는데 원화 강세로 원달러 환율이 500원이 되었다면, 해당 투자자의 자산의 가치는 1천 달러에서 2천 달러로 증가합니다. 외국인 투자자는 환율 변동만으로 1천 달러의 환차익을 얻게 되었습니다.

반대로 원화 약세로 원화의 가치가 떨어지고 원달러 환율이 오른다면 외국인 투자자 입장에서는 환차손이 발생하겠죠. 따라서 원달러 환율이 상승하는 시기에는 환차손을 덜 보기 위해 일부 주식을 정리하는 외국인 투자자가 많습니다. 팔려는 흐름이 많아지면 가격은 낮아지겠죠.

환율 확인하기

다시 말하지만 현재 환율의 절대적 수치보다는 변화 추세에 집중해야 하며, 하루 단위의 등락보다는 큰 흐름을 보는 것이 중요합니다. 국내 주식 시장과 원달러 환율의 관계를 이해하고 접근한다면 보다 안정적인 매매가 가능합니다.

이번에는 환율을 확인하는 방법을 알아볼까요?

1. 네이버페이 증권

네이버페이 증권(finance.naver.com)은 국내에서 가장 많이 이용되는 금융 정보 사이트 중 하나입니다. 실시간으로 환율 정보를 제공하며, 편리하게 사용할 수 있는 환율 계산기 기능도 제공합니다.

2. 다음 금융

다음 금융(finance.daum.net)은 네이버페이 증권과 비슷한 기능을 제공합니다. 실시간으로 환율 정보를 제공하며, 편리한 환율 계산기 기능도 제공합니다.

3. 인베스팅닷컴

인베스팅닷컴(Investing.com)은 국내외 다양한 금융 정보를 제공하는 사이트로, 실시간으로 환율 정보를 제공합니다. 더불어 다양한 차트와 도구 기능을 제공해 분석에 도움을 줍니다.

4. 증권사 환율 차트

증권사 HTS, MTS에서도 환율 정보와 함께 차트와 각종 도구 기능을 제공합니다.

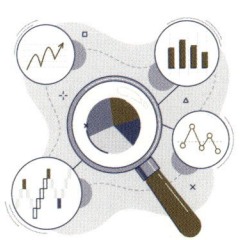

3장

주린이를 위한 최소한의 차트분석

차트의
기본 요소

기본은
캔들 차트

주식에서 캔들 차트는 주가의 움직임을 나타내는 가장 기본적인 분석도구입니다. 주식의 가격을 캔들 모양으로 나타내며 시가, 종가, 고가, 저가를 표시합니다. 각 캔들은 장이 시작한 가격(시가), 장이 끝난 종료 가격(종가), 기준 기간 동안의 가장 높았던 가격(고가), 가장 낮았던 가격(저가)을 나타냅니다. 보통 종가가 시가보다 높을

캔들 차트 보는 법

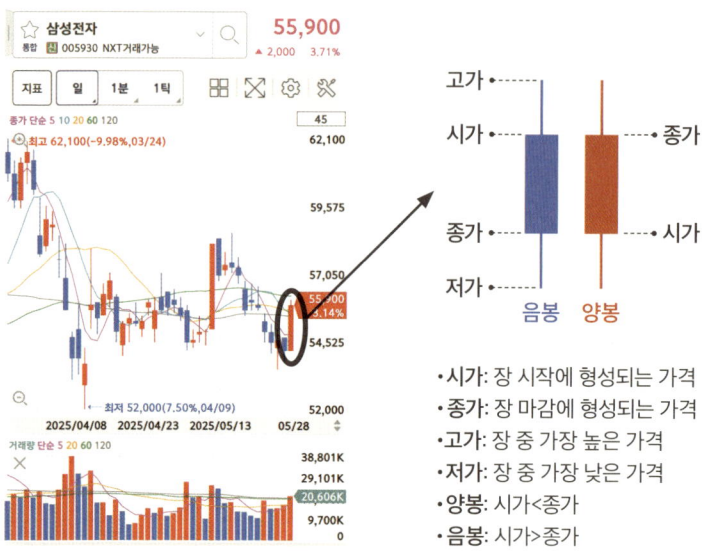

경우 양봉으로 나타내고, 반대로 종가가 시가보다 낮을 경우 음봉으로 나타냅니다. 양봉은 붉은색, 음봉을 파란색으로 표시하는 것이 일반적입니다.

 캔들 차트는 가장 기본적인 형태이기 때문에 미래를 예측하는 데 활용하는 결정적인 요소는 아닙니다. 다만 현재의 추세와 흐름을 읽는 데 충분한 도움을 얻을 수 있습니다. 예를 들어 양봉이 연속해서 나타나면 상승 추세를 형성하는 것으로 간주할 수 있고, 음봉이 연속해서 나타나면 하락 추세를 형성하는 것으로 간주할 수 있습니다. 이를 통해 시장의 추세를 파악하고 앞으로의 시나리오를 세우는 데 도움을 받을 수 있습니다.

거래량과 거래대금

거래량과 거래대금의 중요성은 앞서 누누이 강조했습니다. 주식 시장에서 거래량과 거래대금은 거래의 활발성과 추세를 이해하는 데 도움이 되는 지표입니다. 거래량은 특정 기간 동안 주식이 얼마나 많이 거래되었는지를 나타내는 지표입니다. 당연히 거래량이 많다면 주식 시장에서 활발히 거래가 이뤄지고 있다고 볼 수 있겠죠?

◆ 에코프로의 거래대금

거래대금은 특정 기간 동안의 주식 거래에서 발생한 총 거래액을 나타냅니다. 거래대금은 거래량과 주가를 곱한 값입니다. 거래량과 거래대금 모두 주식의 유동성을 파악하는 데 도움을 줍니다. 둘 중 무엇을 보든 상관없지만 저는 개인적으로 거래대금을 보고 있습니다. 종목 간의 상대적인 수급을 비교할 때 용이하기 때문입니다.

예를 들어 거래량이 100만 주 발생한 종목이 2개가 있는데, 한 종목의 가격이 주당 100원이고 다른 종목은 주당 1만 원이라면 어떨까요? 같은 100만 주의 거래량이라도 무게는 많이 다를 것입니다. 거래량과 달리 거래대금은 원 단위의 금액을 기준으로 직접적인 비교가 가능하기 때문에 수급을 비교할 때 용이합니다.

꼭 알아야 하는
이동평균선

이동평균선이란 일정 기간 주가의 평균치를 나타내는 선으로, 주가의 추세를 파악하는 데 도움이 되는 지표입니다. 주가는 수열입니다. 그 흐름을 예측하기 위해 이동평균선이 쓰이는데요. 다양한 기간으로 계산할 수 있습니다. 예를 들어 5일 이동평균선은 최근 5일 동안의 주가 평균을 나타내고, 20일 이동평균선은 최근 20일 동안의 주가 평균을 나타냅니다.

일반적으로 이동평균선이 주식 시장에서 중요한 이유는 다음과 같습니다.

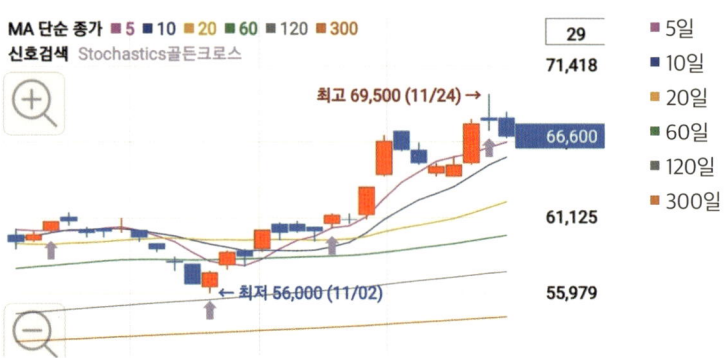

1. 주가 추세 파악

이동평균선은 주가의 추세를 파악하는 데 도움을 주며, 장기적인 추세를 파악하는 데 사용됩니다. 이동평균선은 그 자체로 저항과 지지의 역할을 수행하며 흐름을 보여줍니다. 따라서 투자자로 하여금 투자 결정을 내리는 데 중요한 역할을 합니다.

2. 매수·매도 신호 제공

이동평균선은 2개 이상의 서로 다른 기간의 이동평균선이 교차할 때 매수·매도 신호를 제공합니다. 예를 들어 단기 이동평균선이 장기 이동평균선을 상향 돌파하면 매수 신호를 제공하고, 단기 이동평균선이 장기 이동평균선을 하향 돌파하면 매도 신호를 제공합니다. 이동평균선의 골든 크로스, 데드 크로스를 포착하기 위해서는 이동평균선의 방향성과 주가의 위치 관계를 잘 살펴봐야 합니다.

3. 기술적 분석을 위한 도구

이동평균선은 기술적 분석에서 많이 사용되는 도구 중 하나입니다. 다른 기술적 분석 지표와 함께 사용해 주가의 변동성을 분석하고 추세의 방향성을 파악합니다.

4. 시장 변화 예측

이동평균선은 주가의 추세를 파악하는 데 도움을 주므로 시장 변화를 예측하는 데 사용될 수 있습니다. 주식 시장은 매우 변동적이기 때문에 이동평균선을 사용해서 주가의 추세를 파악하고 시장 변화를 예측할 필요가 있습니다.

여기까지가 주식 시장에서 이동평균선을 바라보는 일반적인 관점입니다. 이 밖에 이동평균선을 필수로 알아야 하는 이유가 하나 더 있습니다. 바로 주식 시장에 참여하는 투자자 대부분에게 알려진 가장 기본적인 보조지표이기 때문입니다.

이동평균선이
중요한 진짜 이유

주식에서 심리는 굉장히 중요하게 작용합니다. 광기에 의해 주가가 심하게 과열되는가 하면, 공포에 의해 바닥이 어디인지도 모르게 떨어지기도 합니다. 나 자신의 심리뿐만 아니라 주식에 참여하는 군중의 힘에 의해 주식 시장이 움직인다는 점을 이해해야 합니다. 그렇다면 군중이 알고 있는 정보를 나 또한 알고 있는 것이 중요하겠죠. 카드게임에서 상대방이 어떤 패를 가지고 있는지 아는 것이 중요한 이유와 비슷합니다.

　이동평균선은 그런 의미에서 필수로 알아야 하는 지표라고 생각해요. 주식에 입문해서 차트분석, 기술적 분석에 대해 배운다면 가장 먼저 배우는 지표이기 때문입니다. 예를 들어 이동평균선을 활용한 매매법은 특정 이동평균선에서 지지되며 주가가 상승하는 것을 노리는 전략인데요. 10일선 부근에서 가격이 지지되어 상승할 것을 기대하고 그 부근에서 매수를 한다고 가정해봅시다. 10일선 부근의 가격이 실제로는 아무 의미 없는 가격대여도 앞서 말한 것처럼 많은 투자자가 이러한 방식을 고려한다면 그 가격이 실제로 유의미할 수 있습니다. 이러한 이유로 이동평균선을 항상 같이

◆ 에코프로 2022년 12~4월 차트. 이동평균선 10일선 지지를 받고 있다.

보는 편입니다.

　이동평균선 10일선 매매 예시로 에코프로 종목을 볼 수 있습니다. 2022년 2월 이후를 보면 수급을 동반하면서 이동평균선 10일선을 깨지 않고 지속적으로 지지를 받으며 상승했음을 알 수 있습니다. 10일선을 깨지 않는 동안 보유하다가 10일선을 깨고 하락한다면 정리하는 식으로 대응할 수 있겠죠.

　차트에서 동그라미를 친 부분이 10일선에서 지지되며 재차 상승하는 흐름을 보여준 구간들입니다. 많은 투자자가 10일선에서 지지가 될 것이라 기대하는 심리가 있기 때문에 저런 구간에서 유의미한 상승이 발생한 것입니다. 모두가 아는 지표이기 때문에 무의미할 때도 있지만, 모두가 아는 지표이기 때문에 탄력을 받을 때

도 있는 것이죠.

물론 꼭 10일선만 기준이 되는 것은 아닙니다. 단기적으로는 5일선, 좀 더 긴 호흡으로는 20일선이나 60일선 등이 유의미할 수 있습니다. 또 이동평균선의 배치 구조를 통해 저항과 지지 외에도 추세를 확인할 수 있습니다. 이동평균선을 분석할 때 '정배열' '역배열'이란 표현을 쓰는데요. 정배열은 5일선, 20일선, 60일선, 120일선과 같이 순서가 정방향인 상태를 말하며 이때 주가가 상승 추세에 있다고 봅니다. 역배열은 120일선, 60일선, 20일선, 5일선과 같이 순서가 역방향인 상태를 말하며 이때 주가가 하락 추세에 있다고 봅니다.

이처럼 이동평균선은 상황과 본인의 기준에 따라 다양하게 적용할 수 있습니다. 다만 이동평균선 하나만을 보는 것은 확률적으로 그다지 좋은 방법은 아닙니다. 여러 변수를 통합적으로 관리하면서 이동평균선을 고려하는 것이 적당합니다.

핵심 보조지표, 볼린저밴드

볼린저밴드는 1980년대 초반, 미국의 재무분석가 존 볼린저에 의해 개발된 지표입니다. 주로 가격 변동성을 측정하는 데 사용되는 기술적 분석도구로 다음과 같은 요소로 구성됩니다.

먼저 중심선(Middle Band)입니다. 주가의 이동평균선을 나타내며 일반적으로 20일 이동평균선을 사용합니다. 예시 차트에서는 보라색으로 표시되어 있습니다. 그다음 상단선(Upper Band)은 중심선에서 주가의 표준편차를 더한 값입니다. 기본적으로 중심선에 2배의 표준편차를 더해 계산합니다. 예시 차트에서는 붉은색

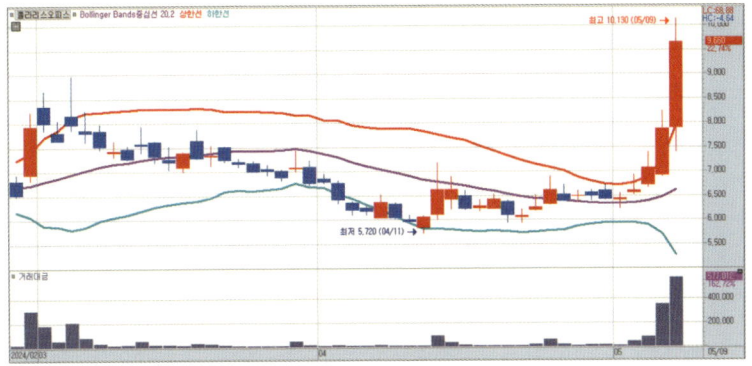

◆ 폴라리스오피스 차트에 볼린저밴드를 적용한 모습

으로 표시되어 있습니다. 마지막으로 하단선(Lower Band)은 중심선에서 주가의 표준편차를 뺀 값입니다. 기본적으로 중심선에 2배의 표준편차를 빼서 계산합니다. 예시 차트에서는 청녹색으로 표시되어 있습니다. 저는 볼린저밴드의 통계적 의미를 중요하게 생각하는데요. 상단선과 하단선이 중심선을 기준으로 2배의 표준편차만큼의 차이가 있는데, 이는 약 95%의 확률로 주가 데이터가 이 밴드 안에 포함된다는 것을 의미합니다(정규분포를 따른다고 가정합니다). 볼린저밴드를 해석하는 방법은 크게 3가지입니다.

1. 밴드 터치

먼저 밴드 터치(Band Touch)입니다. 주가가 상단선을 넘거나 하단선을 밑도는 경우로 약 5% 확률로 발생하는 일이므로 과매수 또는 과매도 상태에 있을 가능성이 있습니다. 저는 특히 과열 상승 시 볼린저밴드를 사용해 분할 매도의 기준으로 삼곤 합니다.

2. 밴드 확장

상단선과 하단선의 간격이 넓어지는 경우를 밴드 확장(Bolinger Expansion)이라고 합니다. 주가의 변동성이 증가하고 있음을 나타냅니다. 특히 밴드가 좁아졌다가 갑자기 벌어지는 경우 강한 변동성 돌입 신호로 해석합니다. 거래대금까지 동반한다면 강한 추세가 지속될 가능성으로 해석할 수 있습니다.

3. 밴드 수축

상단선과 하단선이 좁아지는 경우를 밴드 수축(Bolinger Squeeze)이라고 합니다. 주가의 변동성이 감소하고 있음을 나타냅니다. 볼린저밴드의 수축 이후 다시 발산하는 경향이 있어 큰 움직임이 발생할 가능성이 높다는 신호로 해석할 수 있습니다. 다만 상승 방향뿐만 아니라 하락 방향 또한 가능성이 있으니 현재의 위치와 흐름을 잘 지켜볼 필요가 있습니다.

볼린저밴드
해석하기

앞서 볼린저밴드 밖에서 움직일 확률이 5%라고 말한 바 있습니다. 따라서 만일 주가가 볼린저밴드 상단을 뚫고 넘어간다면 다시 안으로 들어올 확률이 굉장히 높습니다. 이 경우 일부 수익 실현(매도)하는 것이 현명하겠죠.

프로이천 차트를 보겠습니다. 볼린저밴드 상단을 뚫은 시점을 기준으로 분할 매도를 진행했습니다. 볼린저밴드 밖에 있을 확률은 수학적으로 5%이기 때문에 특별한 변수가 없다면 볼린저밴드 안쪽으로 다시 오기 마련입니다. 이런 성향을 바탕으로 매도 타이밍을 잡는다면 성공 확률을 높일 수 있습니다.

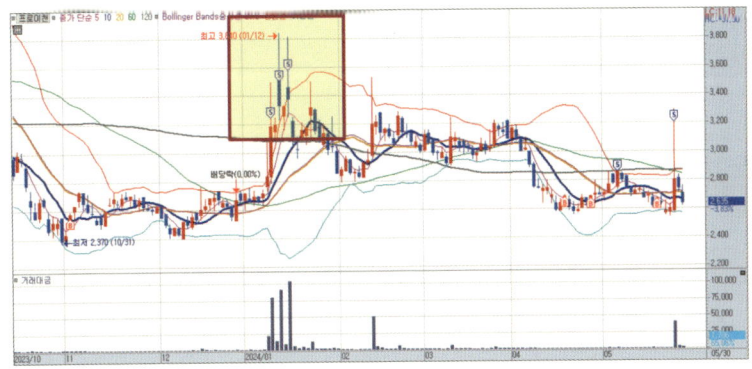

◆ 프로이천 차트. 주가가 볼린저밴드 상단을 뚫은 시점부터 분할 매도를 진행했다.

MTS에서 볼린저밴드 추가하는 방법은 간단합니다. 다음 순서대로만 클릭하면 어렵지 않게 보조지표를 추가할 수 있습니다.

종목 차트 → 지표 → 보조지표 → 상단지표 → Bollinger Bands 선택

심리와 기대가 반영된 지지와 저항

주식 투자자 B씨는 어떤 종목을 5천 원에 매수했습니다. 매수 직후 가격이 4천 원까지 내려갔다가 수개월 뒤 겨우겨우 5천 원으로 돌아왔습니다. 다시 내려갈지도 모른다는 생각에 본전이라도 찾아야겠다는 심리로 B씨는 바로 매도 버튼을 누릅니다.

만약 B씨처럼 특정 가격에 물린 사람이 여럿이고, 비슷하게 매도 심리가 강하다면 어떨까요? 5천 원이라는 가격을 뚫고 상승하기 위해서는 그만큼 상승 에너지가 강해야겠죠. 이렇게 시장 참여자들의 심리와 기대로 인해 특정 가격대에서 상승 또는 하락을 방어하는 힘을 지지 또는 저항이라고 합니다.

지지와 저항의 개념

지지와 저항은 기술적 분석에서 굉장히 중요한 개념 중 하나입니다. 먼저 지지(Support)는 주가가 내려가다가 특정한 가격대에서 더 이상 내려가지 않고 올라가는 것을 의미합니다. 이는 해당 가격대에 매수세가 매우 강해서 벌어지는 현상으로, 주가가 다시 상승

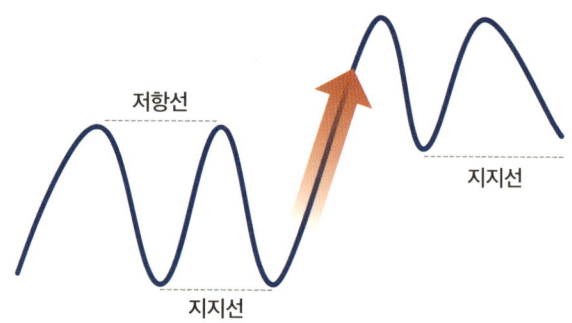

지지선과 저항선

하는 지점으로 볼 수 있습니다. 저항(Resistance)은 주가가 올라가다가 특정한 가격대에서 더 이상 상승하지 않고 내려가는 것을 의미합니다. 이는 해당 가격대에 매도세가 매우 강해져서 벌어지는 현상으로, 주가가 다시 하락하는 지점으로 볼 수 있습니다.

지지와 저항을 차트에서 확인하는 방법은 주가 파동의 저점 또는 고점을 연결해보면 알 수 있는데요. 주가 파동의 저점을 연결한 선을 지지선, 고점을 연결한 선을 저항선이라고 합니다. 주가가 저항선을 돌파하고 상승하는 경우 해당 저항선은 다음 하락 시 지지선이 될 가능성이 높습니다. 반대로 주가가 지지선을 뚫고 하락하는 경우 해당 지지선은 다음 상승 시 저항선이 될 가능성이 높습니다.

HLB제약 차트를 예시로 살펴보겠습니다. 지지와 저항의 개념

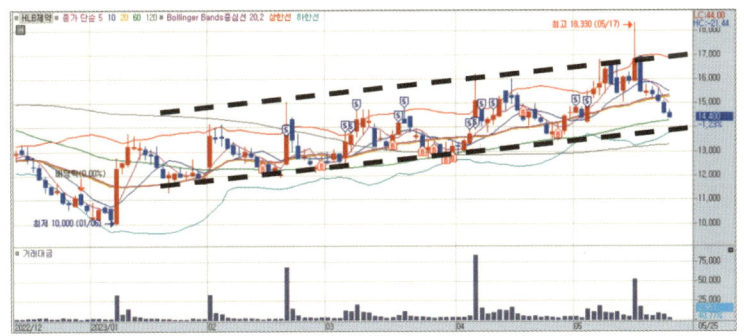

◆ HLB제약 차트. 지지선과 저항선 사이에서 박스권이 형성되었다.

만으로도 매수·매도 근거가 충분해 보이는데요. 상단의 저항과 하단의 지지 사이를 왔다 갔다 반복하는 것을 박스권이 형성되었다고 표현합니다. 이렇게 박스권을 보일 경우 하단의 지지 부근에서 매수해 상단의 저항 부근에서 매도하는 방식으로 안정적으로 수익을 얻을 수 있습니다. 가장 기초적인 지지와 저항의 개념을 보여준 케이스라고 생각합니다.

지지와 저항은 크게 어렵지 않지만 주식 시장에서 꽤나 중요한 역할을 하는 개념이니 반드시 이해해야 합니다. 완벽히 숙지했다면 지지를 깨고 아래로 내려가는 경우나, 저항을 뚫고 올라가는 경우를 고려하면서 매매하는 식으로 시야를 넓히기 바랍니다.

앞서 저항을 깨면 기존의 저항이 지지가 된다는 개념을 배웠

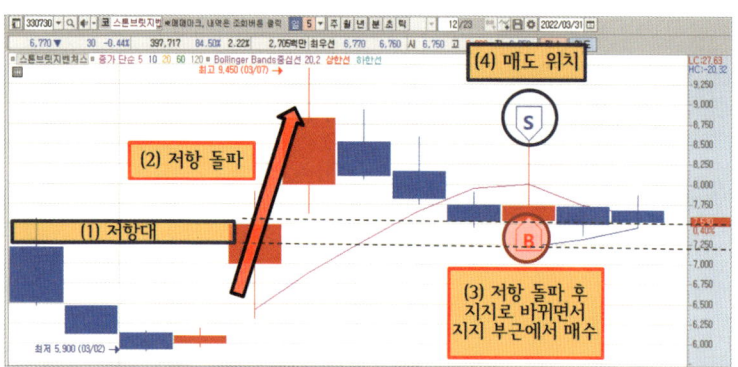

◆ 스톤브릿지벤처스 차트. 저항선을 깨면서 기존의 저항선이 지지선이 되었다.

는데요. 스톤브릿지벤처스 차트를 통해 사례를 살펴보겠습니다. 1~4의 과정을 보면 저항선을 깨면서 기존의 저항선이 지지선이 되었음을 알 수 있습니다.

　이렇게 주식 시장에서 지지와 저항은 매우 중요한 역할을 합니다. 지지와 저항에 따라 앞으로의 차트 흐름을 예측하고, 여러 시나리오를 세워서 대응해야 합니다. 차트분석을 기초로 매수·매도 결정을 내리는 투자자가 많기 때문에 실제 흐름에도 유의미한 영향을 미치곤 합니다. 따라서 주식 투자 시 이러한 기초적인 기술적 분석은 필수적으로 알고 있는 것이 좋습니다.

성장을 위한 작은 습관, 자동일지차트

주식 투자에서 무엇보다 중요한 건 스스로를 점검하고 개선하려는 자세입니다. 당연한 소리처럼 들리겠지만 생각보다 자신을 객관적으로 바라보는 것은 어려운 일입니다. 실제로 많은 분이 놓치는 부분이기도 합니다.

저도 처음 주식 투자를 시작했을 때는 피드백 없이 그저 충동적으로 매매를 많이 했습니다. 매매를 하고서 손실이 나면 내가 어떻게 매매를 했는지 쳐다보는 게 너무 싫었습니다. 부족한 실력을 외면하고 싶었던 마음이 컸던 게 아닌가 싶습니다. 반대로 매매가 잘되면 신나서 기분만 좋고 끝났던 것 같아요. 이렇게 하면 절대로 실력이 늘지 않습니다. 주식 투자에서 가장 큰 위험은 자기 과신과 무지에서 온다고 생각합니다. 결국 피드백 없이 매매를 지속하게 되면, 자산의 투자 스타일이나 매매 전략을 객관적으로 바라볼 수 없게 됩니다.

매매일지 작성하기

매매일지는 내가 투자한 과정을 기록하는 중요한 도구입니다. 매매일지는 내가 이 종목을 왜 선택했는지, 매매의 타이밍은 어떠했는지, 결과는 어땠는지 기록하는 것인데요. 매매일지를 작성하는 데 도움을 주는 기능이 있습니다. 바로 '자동일지차트' 기능입니다. 자동일지차트는 매매 종목의 매수, 매도 시점이 반영된 종합차트입니다. 차트상에 표시된 'B'가 매수(Buy), 'S'가 매도(Sell)를 의미합니다. 차트에 표시된 B 또는 S를 클릭해 해당 매매에 대한 메모를 남길 수 있는데요. 이렇게 당시 어떤 근거로 매매를 했는지 기록하는 습관을 들여야 합니다. 기록한 내용은 나중에 복기할 때 중

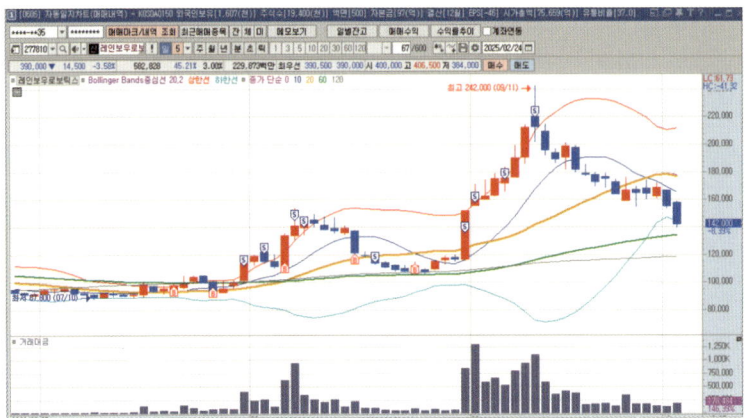

◆ 자동일지차트 기능을 적용한 모습

요한 참고자료가 되어 동일한 실수를 반복하지 않게 도와줍니다.

키움증권을 예로 들면 다음의 절차를 통해 관련 기능을 이용할 수 있습니다.

- HTS: 상단 메뉴에서 화면번호 입력란을 통해 '[0606] 자동일지차트'를 검색
- MTS: 메뉴→국내주식→자동일지→자동일지차트

주식 투자는 자신을 돌아보는 과정과도 닮아 있습니다. 주식 투자는 단순히 매매만 하고 끝나는 것이 아니라 지속적인 학습과 성장이 필요합니다. 피드백을 통해 자신의 투자 스타일을 점검하

고 아쉬운 부분이 있다면 개선해나가는 것이죠. 이 과정을 꾸준히 습관으로 만들면 자연스럽게 투자 실력이 향상되는 자신을 발견할 수 있을 것입니다.

직장인을 위한
스탑로스·자동감시주문

만약 직장인이라면 사무실에서 업무를 보느라 주식창을 쳐다보기 어려울 거예요. 장 초반에 매수한 종목이 회의시간 동안 급락한다면 대응하지 못할 것이고, 반대로 순간적으로 급등해도 타이밍을 놓치는 경우가 많습니다. 투자액이 크다면 급등락에 따른 영향도 클 수밖에 없습니다. 하지만 이런 급등락에 대비해 자동으로 매매를 해주는 기능이 있습니다. 바로 스탑로스, 자동감시주문입니다. 스탑로스, 자동감시주문은 특정 조건에 도달하면 자동으로 매매를 해주는 굉장히 편리한 기능입니다.

스탑로스와
자동감시주문

바쁜 직장인을 위한 필수 기능인 스탑로스와 자동감시주문에 대해 알아보겠습니다. 키움증권을 예로 들면 다음 절차를 통해 관련 기능을 이용할 수 있습니다.

> 메뉴 → 국내주식 혹은 해외주식 → 주문 → 자동감시주문

자동감시주문 메뉴에서 스탑로스 기능도 이용할 수 있습니다. 스탑로스 기능은 특정 가격에 도달했을 때 자동으로 매도 주문을 실행하는 기능입니다. 예를 들어 주가가 1만 원인 상태에서 9,500원으로 스탑로스를 설정하면 주가가 9,500원으로 하락할 경우 자동으로 매도됩니다. 손해를 보더라도 매도를 통해 더 큰 하락에 따른 손실을 피할 수 있죠. 물론 매 순간 주식창을 들여다볼 수 있다면 필요 없는 기능입니다.

자동감시주문은 스탑로스와 동일한 의미로도 쓰이지만 손실 제한뿐만 아니라 이익 실현까지 포함한 보다 넓은 의미의 기능이라고 할 수 있습니다. 사용자가 보유 종목 또는 특정 종목의 감시

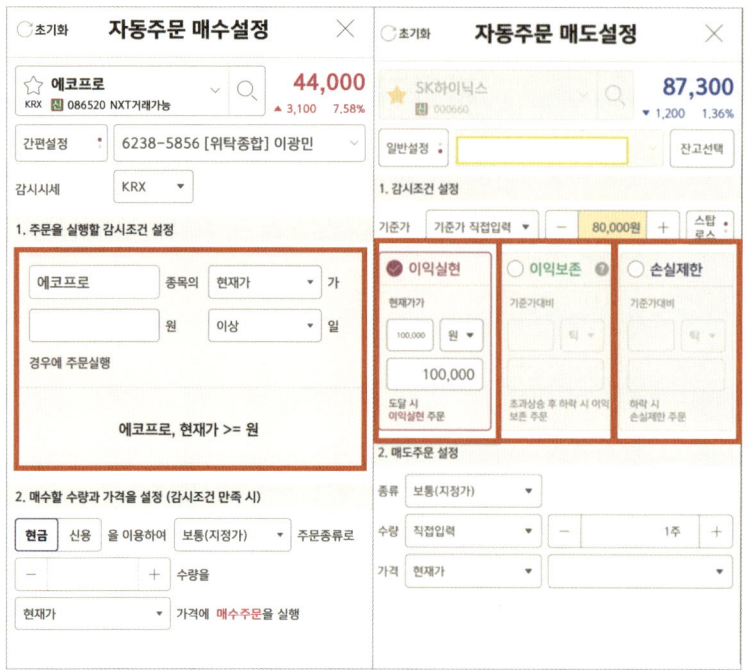

◆ 자동주문 매수설정(좌), 자동주문 매도설정(우) 화면

조건과 주문 설정을 저장한 후 감시조건이 충족한 시점에서 자동으로 주문을 실행합니다.

　　기능은 크게 '이익실현' '이익보존' '손실제한'으로 나뉩니다. 이익실현은 이익실현 감시가격에 도달하면 이익실현 주문이 실행됩니다. 예를 들어 이익실현 가격을 1만 원으로 설정하면, 주가가 1만 원에 도달했을 때 매도 주문이 자동으로 실행됩니다. 이익보존은 이익보존율을 설정해 주가가 설정된 조건에 따라 자동으로 매도 주문을 내는 기능입니다. 이익이 일정 수준에 도달했을 때 미리 설정한 감시가격으로 매도 주문을 내도록 할 수 있습니다. 손실제한은 손실제한 감시가격에 도달하면 손실제한 주문이 실행됩니다. 주가가 하락해서 설정된 손실제한 가격에 도달하면 매도 주문이 자동으로 실행됩니다.

신규 상장종목
알림 설정하기

신규 상장종목은 말 그대로 신규로 상장한 만큼 차트에 과거 히스토리가 없습니다. 대신 미국 증시, 암호화폐 급락, 환율 상승 등 시장 분위기가 안 좋거나 시장에 마땅한 재료가 없는 경우 신규 상장주 쪽으로 수급이 몰리는 경우가 많습니다. 이때 분봉상으로 강하게 상승하는 경우도 있고, 잠깐 하락한 뒤 눌림 자리에서 상승을 주는 모습이 포착되기도 합니다. 이런 흐름을 잘 참고해서 매매하면 수익으로 이어질 수 있는데요. 큰 변동성으로 인해 위험도가 높은 것은 사실이지만, 분봉상에서 나오는 주요 패턴을 익히면 단기

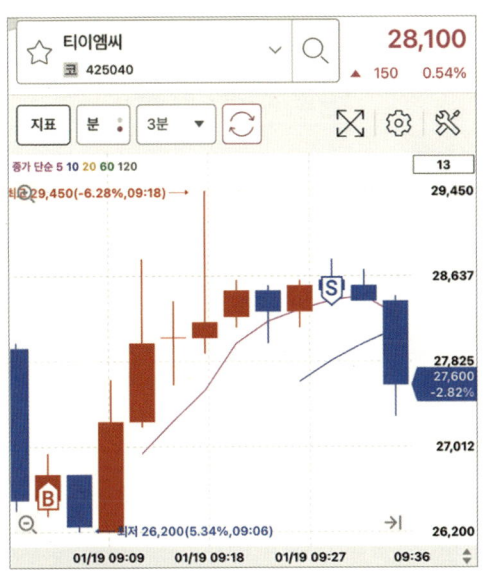

◆ 티이엠씨 상장 직후 차트

수익 기회를 포착할 수 있습니다.

2023년 1월에 상장한 티이엠씨를 살펴보겠습니다. 하락 후 눌림 자리에서 잘 매수해 수익을 낸 사례입니다. 이렇게 신규 상장주에서 매매의 기회가 많이 발생하다 보니 수시로 상장 여부를 파악할 필요가 있습니다.

이번 챕터에서는 신규 상장주 일정을 일일이 확인하지 않아도 아침마다 자동으로 신규 상장종목을 알려주는 알림 기능을 소개하겠습니다.

신규 상장종목을
알려주는 기능

키움증권을 예로 들면 다음 절차를 통해 관련 기능을 이용할 수 있습니다.

메뉴 → 자산/뱅킹 → 인증/서비스 → 알림서비스 → 알림센터 → 알림설정 → 국내주식

◆ 알림서비스 기능을 통해 신규 상장종목 알림을 설정할 수 있다.

설정이 완료되면 종목명과 공모가 알림이 오게 됩니다. 보통 오전 7시가 조금 지나서 오는 것으로 알고 있습니다. 신규 상장 일정을 미리 정리하기 귀찮은 분은 당일에 이렇게 알림을 받은 뒤 종목을 분석하고 매매해도 시간은 충분합니다. 신규 상장종목 매매 노하우는 4장에서 자세히 다룰 예정입니다.

변동성완화장치 설정하기

앞서 지지와 저항의 중요성에 대해 강조했는데요. 지지선과 저항선은 차트분석에 있어 가장 기본이 되는 부분입니다. 보통 이 지지와 저항 구간에서 확률적으로 유의미한 흐름의 변화가 있기 때문에 그렇습니다. 지지, 저항과 비슷하게 가격 변동에 있어 유의미한 역할을 하는 장치가 바로 변동성완화장치(VI; Volatility Interruption)입니다. 변동성완화장치란 주식 시장이 급등락할 때 과열된 시장 분위기를 잠시 식혀주는 장치로, 발동되면 2분 동안 단일가 매매로 변하게 됩니다.

동적VI와 정적VI

변동성완화장치는 동적VI와 정적VI로 나뉘는데요. 동적VI는 순간의 수급 불균형 또는 급격한 주가 변동이 발생한 경우 발동됩니다. 보통 코스피 종목 3%, 코스닥 종목 6% 이상 직전 체결가 대비 변동 시 발동됩니다. 정적VI는 주가가 10% 이상 변동하면 발동하는데요. 일반적으로 정적VI가 발동하는 경우는 다음과 같습니다.

1. 전일 종가 기준 시초가가 ±10% 이상 변동
2. 시초가 기준 장중 ±10% 이상 변동(1차 VI)
3. VI 해제 가격 기준 ±10% 이상 변동(2차 VI)

원래 신규 상장일에도 변동성완화장치가 있었으나 2021년 10월에 기준이 개선되면서 신규 상장일에는 적용되지 않고 있습니다.

간단하게 변동성완화장치에 대해 살펴봤습니다. 하지만 아직 변동성완화장치가 왜 중요한지 체감되지 않을 테니 예시를 살펴보겠습니다. 앞으로 설명하는 VI선은 정적VI 기준입니다.

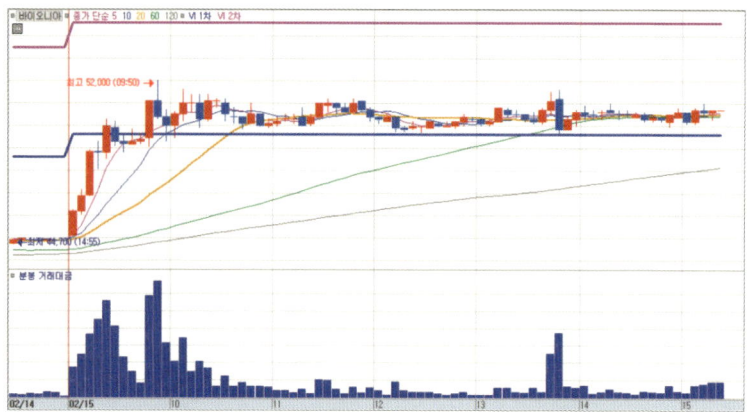

◆ 바이오니아 차트. 파란색 선이 1차 VI선, 분홍색 선이 2차 VI선이다.

바이오니아 차트를 보겠습니다. 파란색이 1차 VI선, 분홍색이 2차 VI선입니다. 오전 9시 주식 시장이 시작하고 나서 바로 수급과 함께 상승하는 흐름을 보여주는데요. 시초가 기준 +10%에 도달하며 1차 VI가 발동되었고, 1차 VI선을 돌파한 흐름을 보였습니다. 이후에는 가격이 횡보하면서, 파란색 1차 VI선이 지지선이 되어 그 아래로 내려가지 않는 모습을 보여줍니다. 해당 차트에서는 1차 VI선이 지지의 역할을 했다고 해석할 수 있습니다.

이번에는 반대의 경우를 살펴보겠습니다. 희림이라는 종목의 차트인데요. 마찬가지로 파란색이 1차 VI선, 분홍색이 2차 VI선입니다. 중간중간 수급과 함께 상승을 하고 싶어 하는 모습을 보이지만, 결국 1차 VI를 돌파하지 못하고 마감하는 모습입니다. 이 경우

◆ 희림 차트. 파란색 선이 1차 VI선, 분홍색 선이 2차 VI선이다.

1차 VI선이 저항의 역할을 했다고 해석할 수 있습니다.

이렇게 정적VI 예상 발동선을 미리 설정해놓으면 VI선 자체가 변수로 어떻게 작용할지를 미리 계산하고 매매할 수 있습니다. 설정해두지 않으면 보이지 않는 보조지표이기 때문에, 미리 감안하고 설정해두면 남보다 앞서가는 셈입니다.

키움증권 HTS를 예로 들면 다음 절차를 통해 관련 기능을 이용할 수 있습니다.

종합차트 우클릭 → 수식관리자(M) → 수식관리 → 새로만들기 → 지표명 'VI발동'

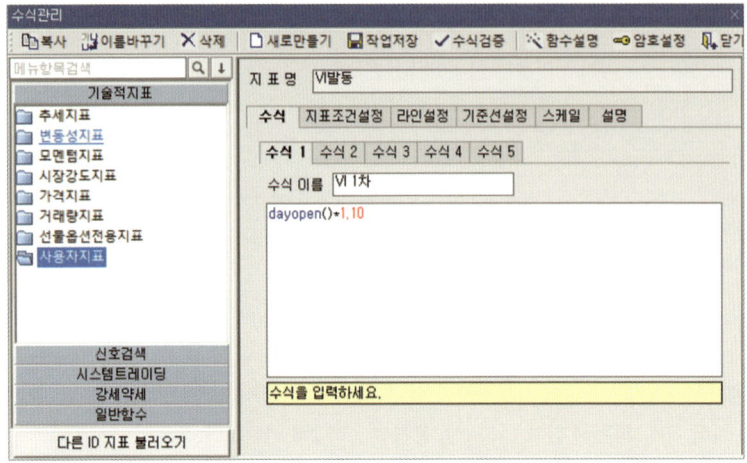

◆ 키움증권 HTS 수식관리 화면

VI 1차 수식: dayopen()*1.10

VI 2차 수식: dayopen()*1.21

참고로 정확히는 1차 VI가 해제된 가격 기준에 1.1을 곱하는 것이 맞기 때문에 약간의 오차는 발생할 수 있습니다. 입력 완료 후 '작업저장'을 누르고 차트에서 '사용자 지표'에 들어가 '정적VI 발동' 지표를 추가하면 설정 완료입니다.

HTS에서 만든 사용자 지표인 정적VI 라인을 MTS로 옮기는 방법은 다음과 같습니다.

종합차트 우클릭 → 차트환경설정(P) → 영웅문S# 내보내기 → 사용자 지표 내보내기

그다음 MTS에 접속해 다음의 절차를 밟습니다.

종목 차트 → 우측 상단 '더보기' → 사용자지표 내려받기 → 내려받기

이후 차트로 돌아와서 좌측 상단 '지표'를 누르고, '지표설정' '사용자지표'를 차례로 누른 다음, 'VI발동'을 누르면 완료입니다.

VI라인을 설정하면 차트가 어떻게 흘러갔는지 해석의 범위가 넓어지는 것을 경험할 수 있습니다. 투자 시 참고하기 바랍니다.

인디플랜 블로그에서
자세한 내용을 확인해보세요.

종잣돈과 분산 투자, 오해와 진실

종잣돈에 대한 오해와 진실

시드머니(Seed money), 즉 종잣돈이란 투자를 위해 밑천이 되는 돈이라는 의미입니다. 만약 나에게 시드머니가 1억 원이 있다면 투자로 굴리는 금액도 항상 1억 원이어야 하는 걸까요? 만약 맞다고 생각한다면 시드머니가 곧 투자액이라고 생각하는 사람이겠죠. 저는 이 틀을 깨야 보다 유연한 투자자가 된다고 생각합니다. 이제 다음과 같이 생각의 틀을 전환하면 어떨까요?

종잣돈=투자액+현금 보유량

투자를 하는 사람은 보통 내 돈이 가만히 있는 꼴을 보지 못합니다(정말 가만히만 있다면 손해가 맞습니다). 기회비용을 저울질하며 항상 돈이 시장에 있어야 한다고 생각합니다. 즉 시황과 무관하게 100% 비중으로 주식에 투자되어 굴러가길 바라죠. 문제는 주식이 하락하는 흐름을 보일 때입니다.

종잣돈이 곧 투자액이란 편견을 깨고 일부 비중을 현금으로 들고 있는 연습을 해야 합니다. 우리는 앞서 돈의 흐름에 대해 배웠습니다. 돈이 들어오는 흐름이면 상승장이고, 빠져나가는 흐름이면 하락장입니다. 이것을 종잣돈에 적용하면 어떻게 될까요? 상승하는 흐름에서는 투자액의 비중을 높이고, 반대로 하락하는 흐름에서는 현금 보유량을 늘려야 합니다.

축구에도 공격하는 흐름이 있고 수비하는 흐름이 있습니다. 아무리 잘하는 팀이라고 해도 90분 내내 공격만 하는 경우는 거의 없습니다. 공을 빼앗기고 흐름이 끊기며 상대방에게 공격하는 흐름이 넘어가면서 공수를 주고받죠. 주식 투자도 동일합니다. 시드머니를 돈의 흐름에 따라 공격과 수비로 배분해야 수익은 극대화하고 손실은 최소화할 수 있습니다. 저는 대부분의 개인 투자자가 이것을 못해서 기껏 얻은 수익을 다 잃어버린다고 생각해요. 흐름에 맞게 투자액과 현금 보유량을 유동적으로 조절하는 투자자가 됩시다.

분산 투자에 대한 오해와 진실

분산 투자 역시 주의가 필요합니다.

직장인 C씨는 계란을 한 바구니에 담지 말라는 격언을 참고하며 5가지 종목에 분산 투자를 합니다. 나름 현명하게 포트폴리오를 구성한 것 같아 뿌듯했죠. 하지만 그가 간과한 것이 있었는데 5가지 종목 모두 2차전지 관련 종목이었습니다. 한창 2차전지 테마가 호황일 때는 좋았지만, 2차전지 섹터가 전체적으로 하락하자 포트폴리오가 망가지기 시작합니다.

분명 분산 투자를 했는데 무엇이 문제였을까요? 같은 테마나 산업군에 속한 종목들로 포트폴리오를 구성했다면, 사실상 한 분야에 집중 투자한 것과 다를 바 없습니다. 분산 투자는 서로 다른 종목들 간의 독립성을 이용해 리스크를 헤지하는 방식입니다. 그렇기에 종목들이 독립적이지 않고 상호 연관성이 강하다면 분산 투자의 의미가 약해집니다. 동일한 테마의 종목으로 분산 투자를 하면 분산의 의미가 약해지므로, 포트폴리오를 구성할 때는 서로 다른 테마로 구성하는 것이 좋습니다.

그렇다면 몇 가지 종목으로 나누는 게 제일 이상적일까요? 정답은 없습니다. 다만 무작정 수를 늘리는 것은 바람직하지 않고 자신이 관리할 수 있는 수준으로 분배하는 것이 적당합니다. 이때도 시장 흐름에 따라 분산 종목의 수를 유동적으로 가져가는 것이 좋습니다. 시장 흐름이 안 좋을 때는 분산 종목을 줄여야 합니다. 왜냐하면 시장 흐름이 나쁠 때는 특정 섹터로 돈이 몰리기 때문입니다.

대중의 심리를 이해하면 투자가 한결 수월해집니다. 시장이 하락하는 날에는 너도나도 돈을 회수해가기 때문에 대부분의 종목이 하락합니다. 이렇게 하락하는 날에도 오르는 종목과 오르는 테마는 있기 마련인데요. 대부분의 종목이 하락하는 상황에서 일부 종목만 상승한다면, 여러분은 어느 종목에 투자하겠습니까? 당연히 상승하는 쪽으로 눈길이 가겠죠. 그렇기 때문에 하락하는 흐름에서는 특정 테마와 종목만 상승하는 경우가 많습니다. 이러한 시장의 특징을 감안하면, 하락하는 흐름에서는 종목의 수를 줄이고 상승하는 한두 섹터만 보유하는 것이 좋습니다.

4장

실전으로 배우는 매매의 기술

사례 ①
원전 테마

앞서 2장에서는 돈의 흐름을, 3장에서는 차트분석과 매매 전략에 대해 배웠습니다. 이제 이 2가지를 실제로 어떻게 활용해서 수익을 얻는지 배워보도록 하겠습니다. 여러 사례를 통해 매매 시 어떠한 정보를 참고하고 활용하면 좋은지 알아보겠습니다.

    종목 단위에서는 기본적으로 해당 기업이 어떤 기업인지 최근 뉴스를 통해 확인하고, 어떤 재료를 가지고 있는지 점검합니다. 그리고 차트분석을 통해 종목 단위의 수급(거래량과 거래대금)과 차트 상의 위치를 분석합니다. 테마 단위에서는 해당 종목이 어떤 테마

◆ 핀업이 제공하는 실시간 이슈 테마 정보(2025년 5월 30일 기준)

에 포함되어 있는지 파악하고, 테마 단위로 돈의 흐름을 분석합니다. 참고로 핀업 사이트(stock.finup.co.kr)에서 실시간 이슈 테마를 확인할 수 있습니다. 2025년 5월 30일 기준 '통신장비' '자동차 부품' 테마가 강세를 보이고 있음을 알 수 있습니다.

최근 특정 테마의 흐름이 좋다면 제가 SNS를 통해 발행하는 월간테마에도 강한 흐름이 표시되겠죠? 해당 테마에 어떤 종목들이 있는지 미리미리 정리해서 살펴보며 돈의 흐름을 확인해야 합니다. 단순히 주도테마가 무엇인지 아는 것보다 그 안에 속한 핵심 종목을 파악하는 것이 훨씬 중요합니다.

이제부터 실전 매매 사례를 하나씩 살펴보겠습니다. 더불어 각 매매일지에서 얻을 수 있는 교훈도 중간중간 정리할 테니 참고하기 바랍니다.

사례 1
지투파워

원전 테마는 원자력발전소를 주제로 한 테마입니다. 원자력발전소는 원자핵 붕괴를 이용해 전기를 생산하는 시설을 가리키는데요. 전 세계적으로 온실가스 감축 및 기후 변화 대응에 대한 논의가 활발해지면서 대기 중에 이산화탄소나 다른 온실가스를 배출하지 않는 원자력 발전의 중요성이 다시 부각되는 추세입니다. 저는 테마의 영향도를 평가할 때 국내 일부 국지적인 영향력인지, 전 세계적인 영향력인지를 중요하게 보는데요. 당연히 후자에 가까울수록 영향도가 클 것이고, 영향도가 큰 만큼 돈의 흐름도 강할 확률이 높습니다.

원전 테마는 전 세계적인 기후 변화 대응 흐름 속에서, 친환경적인 전력 공급 수단으로 점차 입지를 굳혀가고 있습니다. 이렇게 이슈가 몰리는 경우 투자 관점에서 많은 기회가 창출될 수 있으니 유심히 지켜볼 필요가 있습니다.

지투파워는 CMD(상태감시진단) 기술을 기반으로 한 수배전반, 태양광 발전 시스템의 제조 및 설치 사업을 영위하고 있는 기업입니다. 주로 태양광 및 원전 관련 종목으로 분류되는 종목입니다. 시가총액이 큰 한국전력, 두산에너빌리티 등과 같은 종목과 비교했을 때 2025년 6월 기준 시가총액이 약 2천억 원 부근으로 가벼운 편입니다. 원전 테마가 상승할 때 대장주 역할을 한 이력도 여러 번 있는데요. 그만큼 단기적인 변동성이 크기 때문에 매수 위치만 안전하게 잡는다면 리스크 대비 큰 수익을 얻을 수 있습니다.

2022년 9~10월간 하락 흐름이 이어졌고 거래대금도 적은 상

◆ 2022년 9~10월 지투파워 차트

태였죠. 시장의 관심이 떨어져서 가격이 하락하는 추세였습니다. 그런데 2022년 10월 20일 한수원 폴란드 원전 사업 소식이 쏟아지면서 기대감에 의한 상승이 이어졌습니다.

다음은 〈중앙일보〉 2022년 10월 20일 기사입니다.

한국수력원자력(한수원)이 폴란드 측과 원자력발전소 신축 사업 수주 관련 의향서(LOI)를 체결할 예정이라고 스푸트니크 통신이 폴란드 제치포스폴리타 신문을 인용해 19일(현지시간) 보도했다. 한국 정부가 원전 사업 수주를 위해 공들여온 폴란드로의 수출 전선에 '파란불'이 켜진 것으로 풀이된다.

굉장한 거래대금을 동반했는데요. 하루 동안 지투파워 종목의 거래대금은 1천억 원을 상회합니다. 게다가 지투파워뿐만 아니라 원전 관련 테마가 전체적으로 수급이 붙었고, 돈의 흐름이 큰 만큼 앞으로도 기대해볼 만했죠. 위치도 바닥권 근처였기 때문에 뉴스와 함께 초입에 매수하면 리스크가 적겠다고 판단했습니다.

차트를 보면 이후에 여러 번 사고파는 모습이 보이는데요. 상승 추세를 지켜주면서 이동평균선 기준으로 지지되며 오르는 흐름이었기 때문에 이런 구간에서는 분할로 매수·매도를 반복했습

◆ 2023년 1~3월 지투파워 차트

니다. 리스크를 분산하면서 분할로 수익을 얻을 수 있었습니다.

    2023년 1월 상승 이후 한동안 원전 테마 쪽에 관심도가 떨어지면서 하락하는 추세가 이어졌는데요. 이번에는 분할로 조금씩 모아갔습니다. 차트를 보면 3번 정도 나눠서 진입했는데, 원자력에너지라는 테마의 미래 가치가 충분하다고 생각했고, 아직 충분히 매력 있는 테마라고 판단했습니다. 큰 시세 분출 이후 죽은 테마도 아닐 뿐더러 나름 주기적으로 상승을 보여주는 변동성을 보유한 테마라고 생각했습니다. 다행히 2023년 3월, 한수원이 폴란드 전력공사 등과 협력해 현지에 제3호 원전을 짓는다는 뉴스가 나오면서 지투파워 등 원전 관련주가 장중 강세를 보입니다.

    다음은 〈파이낸셜뉴스〉 2023년 3월 8일 기사입니다.

한국수력원자력(이하 한수원)이 폴란드 전력공사 등과 협력해 현지에 제3호 원전을 짓는다고 알려지면서 지투파워 등 관련주의 주가가 장 중 강세를 보이고 있다. 8일 오후 1시 6분 현재 지투파워는 전 거래일 대비 4.06% 오른 8,200원에 거래되고 있다.

재료가 생기면서 이번에도 거래대금이 유의미하게 붙었습니다. 다만 전고점 부근에서 저항에 의한 하락 가능성이 있었기 때문에 분할로 매도해 익절했습니다. 이렇게 차트상 높은 위치에서 조급하게 따라가는 것이 아닌, 낮은 위치에서 안전하게 조금씩 모아가다 보면 좋은 결과로 이어질 확률이 높습니다.

안전한 위치라는 생각에 2023년 8월말에 다시 매매를 시작합니다. 7월말에도 V자로 꺾이면서 반등하는 모양을 보였지만 매매하지 않았습니다. V자 반등 구간에서 일부 수익을 얻을 수는 있겠지만 확률적으로 좋은 환경은 아니라고 생각했는데요. 7월말과 8월말의 차이는 무엇일까요? 바로 거래대금, 즉 수급입니다.

하락 구간에서 거래대금 없이 상승이 나온다면 '힘'이 약하다고 해석할 수 있습니다. 힘이 약하니 다시 기존의 관성대로 하락 추세로 이어질 확률이 높은 것이죠. 반대로 수급을 동반한다면 하락 흐름에 강하게 저항한다고 해석할 수 있습니다. 보통 이런 경우

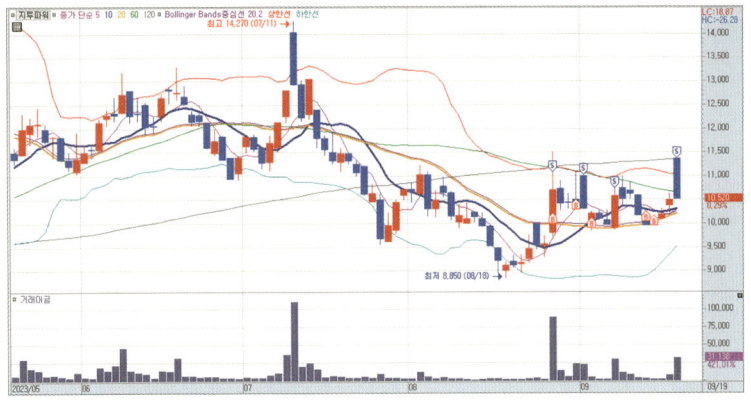

◆ 2023년 5~9월 지투파워 차트

수급이 들어올 만한 명분이 붙게 되고, 자연스럽게 시장의 관심과 함께 개인 투자자들의 관심을 받게 되죠. 단순하게 차트 모양에만 몰입하지 말고 항상 수급을 같이 연계해서 보는 습관을 들이기 바랍니다.

저는 주식 초보일수록 더 느긋하게, 더 안전하게 투자해야 한다고 생각해요. 느긋하고 안전한 위치일수록 조급하거나 성급한 판단을 내릴 확률 또한 줄어듭니다. 반대로 실력은 초보인데 더 빨리, 더 많이 벌겠다는 식으로 접근한다면 큰 화를 입을 수 있습니다. 주식 투자를 한탕 크게 벌고 나가는 수단이라고 생각한다면 관점을 바꿔야 합니다. 그것은 투자가 아니라 투기에 가깝습니다. 저는 주식 투자가 평생 꾸준히 수익을 얻을 수 있는 재테크 수단이라고 생각합니다. 물론 올바른 투자관과 매매 방식, 전략을 단단하게 쌓아나가야만 가능한 일입니다.

사례 2
피코그램

다음 원전 관련주는 피코그램입니다. 놀랍게도 피코그램은 기본적으로 정수기 및 정수기 필터 소재를 개발하고 제조 및 판매하는 기업입니다. 2021년 11월 3일 코스닥 시장에 신규 상장한 기업인데, 어째서 이 종목이 원전 관련주로 엮이게 되었을까요? 피코그램이 원전 관련주인 이유는 2016년 미래창조과학부에서 진행한 방사선융합기술 연구에서 세슘정화필터를 개발한 이력이 있기 때문입니다. 그래서 일본 후쿠시마 원전 오염수 방출 이슈 때 피코그램은 크게 부각됩니다.

이제 차트를 살펴보겠습니다. 2023년 2월 상승 이후에 주가가 8천~1만 1천 원 사이에 갇힌 것을 볼 수 있습니다. 이 구간에서 박스권을 형성한 것인데요. 이 구간에서는 박스권 하단에서 사서 상단에서 파는 것만으로도 수익을 만들 수 있습니다. 다만 7월에 이

◆ 2023년 1~8월 피코그램 차트

박스권 하단이 깨진 것을 볼 수 있는데요. 이렇게 박스권 하단을 깨고 주가가 내려가는 경우 장기간 하락할 수 있으니 주의해야 합니다.

    7월 하락 이후 2023년 2월의 상승 이전까지 다시 주가가 방어되는 모습을 보여 조금씩 분할로 매수했고, V자 반등을 하며 상승하는 구간에서 분할로 매도해 수익 실현을 했습니다. 볼린저밴드 상단 부근이었기에 과감히 매도합니다.

사례 ②
친환경 테마

신재생에너지 테마는 크게 태양광과 풍력으로 나뉩니다. 여기서 살펴볼 종목은 SDN, HD현대에너지솔루션, 대명에너지입니다. 먼저 SDN은 태양광 발전사업자와 시스템 공급업체를 대상으로 태양광 발전시스템 및 태양전지판 사업부를 보유하고 있습니다. HD현대에너지솔루션은 태양광 모듈 판매를 주력 사업으로 영위하고 있으며, 태양광 모듈 판매 비중이 전체 매출액의 90%를 상회합니다. 대명에너지는 신재생에너지 사업의 주 발전원인 태양광과 풍력을 기반으로 사업 개발부터 설계, 조달, 시공 및 운영 관리까지

전 단계를 직접 수행하고 있으며 주요 사업은 신재생에너지 발전단지 투자 및 건설 사업입니다.

사례 1
SDN

SDN은 신재생에너지 테마가 상승할 때 주로 대장주가 되는 종목입니다. 태양광 발전사업자와 시스템 공급업체를 대상으로 태양관 발전시스템 및 태양전지판 등을 공급하고 있으며, 태양광 에너지 관련 다수의 국책사업 및 국책과제에 참여한 이력이 있습니다.

SDN이 상승 흐름을 탄 2024년 4월 25일 〈파이낸셜뉴스〉 뉴스를 살펴보겠습니다.

SDN이 연일 강세를 이어가고 있다. 태양광 업계 성장성과 관련한 긍정적 전망에 더해 미국에서 중국 태양광 제품에 엄청난 규모의 관세 부과를 요청하면서다. 25일 오전 10시 49분 현재 SDN은 전 거래일 대비 4.04% 오른 1,853원에 거래되고 있다. 이 회사의 주가는 지난 24일에도 장중 2,010원까지 거래되며 연중 신고가를 경신하기도 했다.

◆ 2024년 3~4월 월간테마

    3월부터 수급이 들어오는 상황에서 태양광 업계 성장성과 관련한 긍정적 전망이 이어집니다. 더불어 미국에서 중국 태양광 제품에 엄청난 규모의 관세 부과를 요청하면서 반사이익을 볼 확률이 높아졌고 수급을 동반한 상승을 보입니다. 시장의 관심이 집중되면서 투자자들의 기대심리를 자극했습니다.

    신재생에너지 테마의 흐름을 당시 월간테마를 통해 확인해보겠습니다. 3월말 태양광을 시작으로 4월까지 신재생에너지 테마에 전반적으로 수급이 붙었음을 알 수 있습니다.

    SDN 차트상으로도 3월말부터 수급이 들어오는 것을 확인할 수 있습니다. 특히 거래대금이 크게 터졌을 때 1천억 원을 상회하

◆ 2024년 1~6월 SDN 차트

면 긍정적인 신호라고 볼 수 있습니다. 3월말~4월초에 10일선 지지를 받으며 상승했고, 이후 10일선이 깨지더라도 20일선 부근에서 지지가 일어날 것을 기대하고 진입했습니다. 다행히 기대한 대로 지지와 함께 상승 흐름을 이어가 조금씩 분할 매도해 수익 실현을 합니다.

　개인적으로 거래량이 메말랐고 하락하는 흐름에서 테마에 전반적으로 수급이 들어온다면 다 이유가 있다고 생각합니다. 수급이 들어오는 것을 먼저 확인하고 재료와 차트를 같이 살펴보며 진입한다면 성공 확률을 높일 수 있습니다. 반면 재료가 아무리 좋아도 수급이 빠져나가는 구간이라면 주의가 필요합니다.

사례 2
HD현대에너지솔루션

HD현대에너지솔루션은 태양광 모듈 판매를 주력 사업으로 영위하는 기업입니다. 앞서 2024년 3~4월 태양광을 시작으로 신재생에너지 테마 전반에 훈풍이 불었음을 월간테마로 확인했습니다. 이렇게 특정 테마의 흐름이 좋아진다면 아직 주목을 못 받고 소외된 종목은 없는지 확인해보면 좋습니다.

HD현대에너지솔루션의 차트를 보면 4월 9일에 한 번 장대 양봉이 나온 것을 확인할 수 있습니다. 이후 상승 흐름을 이어가지는 않았지만 이때의 양봉이 앞으로의 상승을 위한 매집이라고 생각

◆ 2024년 3~6월 HD현대에너지솔루션 차트

했습니다. 테마의 큰 흐름도 괜찮았고, 종목 자체적으로도 저런 양봉이 이유 없이 나올리 없다고 판단해 4월 9일 양봉의 하단 부근에서 조금씩 모아갔습니다.

5월 약상승 구간에서는 볼린저밴드 부근에서 분할 매도했고, 다시 가격이 내려왔을 때 추가 매수를 했습니다. 그다음 날인 5월 23일 미중 관세 갈등에 태양광 테마가 급등하면서 수익을 거둘 수 있었습니다. 5월 24일에는 거래대금이 3,500억 원까지 터지면서 엄청난 흐름을 보여주었죠. 이처럼 테마의 흐름을 잘 읽으며 인내심을 갖고 안전한 위치에서 매수하면 기회는 옵니다.

사례 3
대명에너지

앞서 신재생에너지의 테마적인 흐름은 많이 언급했으니 이번에는 종목 관점에서 살펴보겠습니다. 우선 확인해야 할 히스토리는 2023년 12월부터 2024년 1월 1만 7천 원 부근 가격대가 저항 매물대를 형성했다는 것입니다. 이 점을 염두에 두고 매매를 합니다.

이후 2024년 3월말부터 테마에 수급이 들어오는 상황이었습

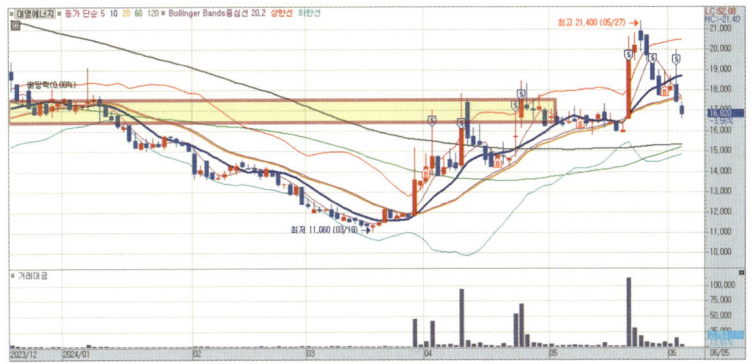

◆ 2023년 12~6월 대명에너지 차트

니다. 첫 매수는 상승한 뒤 눌리지 않은 위치였기 때문에 비중을 작게 매수했는데요. 추가 상승하면 분할 매도, 하락하면 눌림 구간에서 추가 매수한다는 시나리오로 접근했습니다. 최초 매수 이후 2번 급등하면서 시나리오대로 분할 매도를 합니다. 이후 4월 중순 20일선 부근의 눌림 구간에서 2차 매수를 단행합니다. 다행히 정석대로 20일선 부근에서 지지가 되었고 다시 급등하자 볼린저밴드 상단 부근에서 분할 매도를 진행합니다.

    이번 매매에서 주목할 점은 3~4월 매도 가격대가 앞서 언급한 저항 매물대의 가격인 1만 7천 원이라는 점입니다. 정말 수급이 강하면 바로 돌파하는 경우도 있지만 보통은 이러한 저항 매물대를 여러 번 나눠서 소화하면서 나아가곤 합니다. 이후 5월에 추가 매수한 뒤, 1천억 원이 넘는 거래대금을 기록하며 1만 6천 원대를 돌파합니다. 이렇게 히스토리를 확인해두면 매수·매도 시 의사결정에 참고하기 좋습니다.

사례 4
그린케미칼

이번에는 앞선 사례와 조금 다른 탄소배출 관련주입니다. 그린케미칼은 석유화학 계통도의 마지막 단계인 EO(산화에틸렌)를 주원료로 기능성 화학제품을 제조해 판매하는 기업입니다. 그린케미칼에서 제조한 화학제품은 고객사에 전달되어 다음과 같은 제품을 만드는 데 사용되고 있습니다.

- EOA: 세제, 제지, 섬유, 고무, 페인트 등에 사용
- ETA: 섬유처리제, 윤활유, 화장품 등에 사용
- DMC: 연료첨가제, 용매제 등으로 사용될 예정
- AM: 광학필름, 렌즈, 잉크 등에 사용

그렇다면 화학제품을 만드는 그린케미칼이 친환경 관련주로 분류된 이유는 무엇일까요? 그린케미칼이 만드는 제품 중 DMC, AM은 독성화학물, 유기화합물을 발생시키지 않는 친환경 화학제품으로 꼽힙니다. 특히 2차전지 및 전해질 용매 등으로 사용되는 DMC는 독성화학물 포스겐(Phosgene)을 대체할 수 있는 친환경적 화학제품에 해당합니다. 과거 국책사업을 통해 이산화탄소 포집 및 전환 기술을 개발한 이력이 있고, 더불어 이산화탄소 포집에서 한 단계 더 나아간 CCU 기술을 확보하고 있다는 점 때문에 시장의 관심을 받게 됩니다.

세계기상기구에 따르면 향후 5년 내 한 해라도 지구 기온 상승폭이 산업화 이전 대비 1.5도를 넘어설 가능성은 86%에 달하고, 기록상 '가장 더웠던 해'가 경신될 확률은 80%라고 합니다. 세계적인 기후 재앙을 초래하는 지구온난화를 막으려면 탄소배출을 줄일 수 있는 대체에너지로의 전환이 필요합니다.

최근에는 산업 생태계가 인공지능 시대로 빠르게 전환되면서 관련 경쟁이 과열되고 있는 상황입니다. 전 세계 시가총액 1~2위를 다투는 미국 마이크로소프트사는 지속가능성 보고서를 통해 2020년 이후 2023년까지 탄소배출이 30% 가까이 폭증했다고 밝힌 바 있습니다. 인공지능 수요 폭증으로 데이터센터를 확대하

◆ 2023년 7~2024년 5월 그린케미칼 차트

는 과정에서 공급망의 탄소배출이 크게 늘어난 것이 원인입니다. 이에 따라 마이크로소프트는 탄소배출 목표를 달성하기 위해 향후 주요 공급업체에 2030년까지 100% 무탄소 전기를 사용하도록 요구하겠다고 밝혔습니다.

 탄소배출 관련 뉴스는 이렇게 직접적인 지구온난화 문제부터 인공지능까지 다양한 영역에서 언급되고 있습니다. 그린케미칼은 국내 증시에서 탄소배출 관련 이슈가 있을 때 주로 대장주로 움직이는 종목입니다. 2023년 장기간의 하락 이후 2024년 들어서는 하락에 저항하는 상승 수급이 조금씩 들어옵니다. 우상향으로 쭉 밀고 올라가는 모양은 아니고 단기간 급등한 후 길게 하락하는 패턴을 반복하고 있습니다. 이런 패턴에서는 상승에 조급하게 올라타기보다는 아래에서 담아두고 기다리는 것이 좋습니다. 수급이 들어오면 추후 급등할 확률이 높습니다. 저는 종목마다 나타나는 경향성이라고 해석하고 싶은데요. 이런 패턴에 올라타 2024년 3~5월간 상승분에서 수익을 거둡니다.

사례 ③
2차전지 테마

이번에는 2차전지 관련주를 살펴보겠습니다. 먼저 전고체 배터리 관련주부터 살펴볼 예정입니다. 전고체 배터리는 전기를 흐르게 하는 배터리 양극과 음극 사이의 전해질이 액체가 아닌 고체로 된 차세대 2차전지(충전해서 반영구적으로 사용하는 전지)입니다. 현재 가장 많이 사용되는 2차전지인 리튬이온 배터리의 경우 액체 전해질로 에너지 효율은 좋지만, 수명이 상대적으로 짧고 전해질이 가연성 액체여서 고열에 폭발할 위험이 높다는 단점이 있습니다. 반면 전고체 배터리는 전해질이 고체이기 때문에 충격에 의한 누액 위험이 없고, 인화성 물질이 포함되지 않아 발화 가능성이 낮아 상대적으로 안전합니다.

사례 1
씨아이에스

여러 전고체 배터리 관련주 중 살펴볼 종목은 씨아이에스입니다. 2017년부터 차세대 전지 소재 분야로 진입하고자 전고체 전지용 고체 전해질 개발을 진행하고 있으며, 삼성SDI와 전고체 전지 정부 과제를 공동 수행한 바 있습니다.

우선 매매를 한 2023년 3월 전고체 배터리의 흐름을 살펴볼까요? 2월말부터 전고체 배터리 테마에 조금씩 수급이 들어왔고, 3월 들어서 연속적으로 강한 흐름을 보여줍니다. 사실상 2차전지와는 같은 맥락으로 보는 것이 맞기 때문에 3월은 2차전지와 전고체 배터리가 주도했다고 봐도 무방합니다.

이런 흐름 속에서 전고체 배터리 관련주인 씨아이에스는 상대적으로 많이 오르지 못한 상태였습니다. 그만큼 씨아이에스에서도 추가적인 상승 기회가 있을 것이라 생각하고 진입했습니다. 만

◆ 2023년 3월 월간테마

약 2차전지가 3월을 주도할 만큼 강한 흐름이 아니었다면 다른 판단을 했을지도 모릅니다. 단발성 테마의 경우 연속성이 떨어지기 때문에 테마 내에서 소외된 종목까지 상승 기회가 가지 않는 경우가 많은데요. 3월은 월간테마를 보면 알 수 있듯이 연속적으로 강한 수급과 흐름을 보여주었기 때문에 위와 같은 판단을 내립니다.

소외된 씨아이에스까지 곧 주목을 받을 것이란 생각에 3월

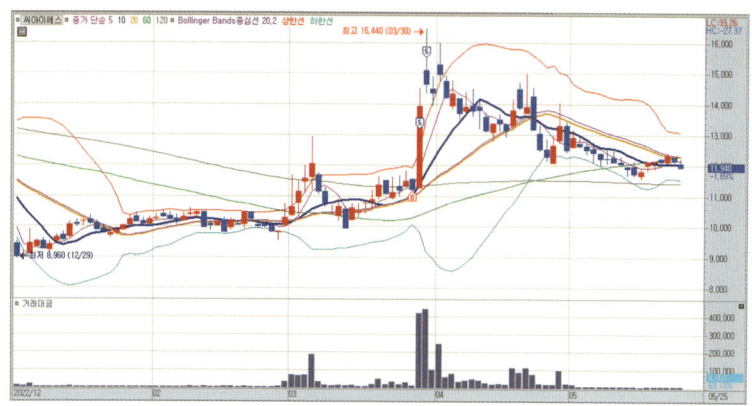

◆ 2022년 12월~2023년 5월 씨아이에스 차트

28일 진입합니다. 그다음 날 바로 급등한 것은 사실 운이 좋았다고 생각합니다. 물론 테마의 경향성 자체가 강했기 때문에 확률적으로 언젠가 오를 것이라 생각했지만 매수한 바로 다음 날 급등하리라곤 예측하지 못했습니다. 3월 29일 씨아이에스는 급등하며 다음과 같은 기사가 나옵니다.

> 씨아이에스(222080)의 주가가 오름세다. 경쟁 배터리사보다 3년 가량 빠른 삼성SDI의 전고체 배터리 양산 관련 시점을 밝힌 데 따른 영향으로 해석된다. 앞서 삼성SDI는 전고체 양산 시점을 2026~2027년으로 제시했다. 씨아이에스는 현재 삼성SDI의 주요 협력사이자 전고체 전지 정부 과제를 공동 수행하고 있는 업체로 알

려졌다. 특히 씨아이에스가 보유한 '고체 전해질 제조를 위한 소재의 조성 및 제조방법'은 전고체 전지용 고체전해질의 양산성 확보에 근접한 기술로 평가받는다.

〈이데일리〉 2023년 3월 29일 기사입니다.

월간테마로 확인했듯이 전고체 배터리 테마로 수급이 들어오는 와중에 좋은 뉴스가 나오면서 급등으로 이어졌는데요. 볼린저 밴드 돌파 후 2022년 11월 매물대 부근에서 1차로 수익 실현을 했고, 그다음 날 2022년 8월 매물대 부근에서 2차로 정리했습니다. 시가총액이 작지 않기 때문에 추가적으로 연속 상승할 확률은 적다고 판단해 들고 가지는 않았습니다.

사례 2
코이즈

코이즈는 기본적으로 LCD 및 OLED 디스플레이의 핵심 부품인 광학 필름과 도광판을 제조하므로 디스플레이 산업과 밀접한 관련이 있는 기업입니다. 그런데 2021년 12월 14일 코이즈는 2차전

◆ 2022년 10월~2023년 5월 코이즈 차트

지용 양극재 소재 대량 생산 기술 개발을 추진한다고 밝혀 2차전지 관련주로 분류되었습니다. 한국과학기술원으로부터 이전받은 나노산화금속물 생성 기술을 적용해 2차전지 양극재 소재 대량 생산 기술 개발 단계에 진입했다고 밝혔고, 이후 14일부터 20일까지 상한가를 기록하다가 21일 투자경고 사유로 하루 거래가 정지됩니다.

2023년 12월에 크게 주목을 받은 뒤 가격이 잠잠해졌고, 2024년 2월 부담스럽지 않은 가격대에 진입했습니다. 여기서 참고할 만한 포인트는 볼린저밴드를 이용한 방식인데요. 2월 첫 매수한 구간이 볼린저밴드가 발산된 이후 수렴된 구간이기 때문입니다. 이렇게 볼린저밴드가 수렴된 구간에서는 다시 발산할 확률이 높습니다. 단 볼린저밴드가 발산하기 위해서는 반드시 가격의 큰 변동성이 수반되어야 합니다. 또 수렴 후 예상치 못한 방향으로 흘러갈 수도 있어 손절 라인을 명확히 설정해두는 것이 중요합니다. 운 좋게도 매수하자마자 다음과 같은 뉴스가 나오면서 당일에 급등합니다.

> 코이즈가 2차전지 양극재용 나노산화알루미나의 개발을 마치고 고객사에 양산 승인을 대기 중인 것으로 확인되면서 관련 주가가 장중 오름세다. 2일 오후 2시 13분 현재 코이즈는 전 거래일 대비 8.15% 오른 2,190원에 거래되고 있다. 앞서 코이즈는 2차전지 양극재용 나노금속산화물 소재 사업을 진행 중이었다. 나노금속산화물 양산화 개발 사업은 코이즈의 사업 다변화 전략의 주요 사업 중 하나다. 정부 과제 선정 이후 1년여의 공정별 대량 생산 기술 개발이 지난해 말 완료된 것으로 알려졌다.

〈파이낸셜뉴스〉 2023년 2월 2일 기사입니다.

이후 볼린저밴드 상단 부근에서 분할로 매도해 큰 수익을 거둘 수 있었습니다. 이번 매매의 포인트는 첫 번째로 2차전지라는 재료, 두 번째로는 상승과 하락의 반복 속에서 최대한 아래에서 매수하는 인내심, 마지막으로 볼린저밴드를 활용한 매매라고 볼 수 있습니다.

사례 3
포스코DX

이번에 소개할 포스코DX는 앞서 배운 돈의 흐름이란 개념을 정말 잘 보여주는 사례라고 생각합니다. 해당 매매에서 배울 수 있는 교훈을 한마디로 정리하면 이렇습니다.

"가는 놈이 더 간다."

돈이 몰리는 매수세가 끊임없이 이어진다면 어떻게 될까요? 포스코DX는 큰 거래대금으로 밀고 들어오면 이렇게까지 상승할 수 있다는 것을 보여준 좋은 사례입니다.

월간테마를 보면 이 시기에 2차전지 테마에 수급이 몰리는 흐름이었고, 이 중 에코프로 그룹주와 포스코 그룹주가 경쟁하듯이 상승을 이끌었습니다. 보통 한 종목에서 하루 거래대금이 1천억

◆ 2023년 7월 월간테마

원만 넘어도 큰 편인데 당시에는 수천억 원은 기본이고 하루 1조 원이 넘는 거래대금을 보여주기도 했습니다.

    저는 높은 위치에서 매수하는 것을 선호하지는 않지만 이때는 원칙을 뛰어넘을 만큼 돈의 흐름이 강했습니다. 대세를 따르지 않으면 수익을 거두기 힘든 시기였습니다. 2차전지 주요 종목에만 수급이 몰리니 반대로 소외된 테마와 종목은 수급이 메말라서 하

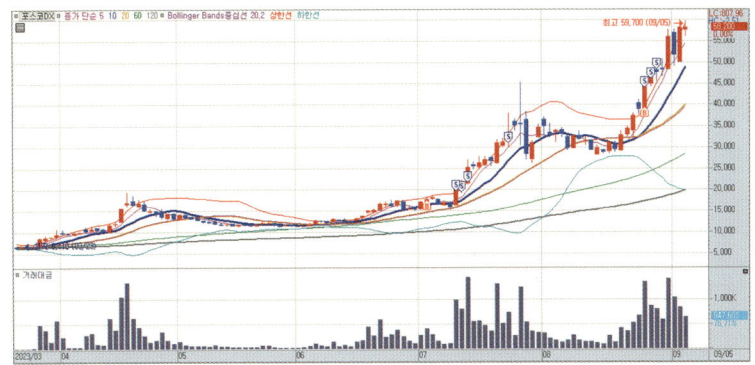

◆ 2023년 3~9월 포스코DX 차트

락하는 흐름이었죠. 대부분의 종목이 하락함에도 주요 2차전지 종목이 어마어마하게 상승하다 보니 지수가 오르는 불균형을 보여줄 정도였습니다(수급의 블랙홀이라고 불릴 정도였죠).

매매 타점은 전고점을 돌파하는 자리로 택했습니다. 만약 전고점을 뚫지 못한다면 상승의 끝일 확률도 있었기 때문에 전고점을 돌파하는 자리에서의 수급을 눈여겨봤습니다. 전보다 강한 수급으로 돌파하는 흐름이어서 보유하며 지켜봤고, 실제로 돌파 당시 분봉 거래대금이 1분에 200억 원씩 터졌기 때문에 저항에 막히지 않고 뚫고 올라갈 것이라 해석했습니다. 특히 포스코DX의 경우 코스피 이전 상장 추진까지 겹치면서 수급이 들어올 명분이 뚜렷했습니다.

매매 타점이나 근거를 떠나 이 당시 매매를 하면서 느낀 점은 내가 하고 있는 것이 투자인지 투기인지 구별할 줄 알아야 한다고 점입니다. 본인만의 근거와 기준을 갖고 통제하면서 매매한다면 투자라고 생각합니다. 반면 주변에서 사니까 따라서 사거나 광기에 올라타 기준 없이 매매하는 것은 투기라고 생각합니다. 저때 이후로 포스코 그룹주와 에코프로 그룹주는 상승하지 못하고 하락하는 흐름으로 이어졌는데요. 수많은 개미가 기준 없이 투기를 하다가 손실을 입었을 것이란 사실에 참 마음이 아팠습니다.

물론 광풍이 있어야 급등도 가능하지만, 주식 투자는 일확천금이 아닌 장기적으로 안정적인 수익을 만드는 '캐시카우'라는 관점으로 접근해야 합니다. 그래야 건전하고 안전한 투자가 가능하다고 생각합니다.

사례 4
이지트로닉스

전기차 및 2차전지 시장이 커지면서 폐배터리 재활용 기술을 보유한 업체에 대한 관심이 부쩍 커졌습니다. 향후 폐배터리 발생이 폭증할 것이라 하는데요. 폐배터리 재활용은 비용 절약, 자원 확보, 환경 보전 세 마리 토끼를 한 번에 잡을 수 있는 분야입니다. 특히 리튬, 니켈 등 배터리 소재가 나지 않는 우리나라에 더욱 필요한 기술입니다.

이지트로닉스는 전기차, 통신 장비, 방산 차량 등의 전력변환 기기를 개발하는 전력변환장치 전문 업체입니다. 국내 상용 버스 제동용 인버터 부분 시장 점유율 1위를 기록하고 있고, 특히 폐배터리를 활용한 ESS 사업 진출도 기대감이 커지고 있습니다. 또한 국내 완성차 업체와 함께 폐배터리 밸런스 조정 기술을 활용한 폐배터리 ESS 실증 사업을 추진 중입니다. 특히 폐배터리 재사용 기술을 개발해 현대자동차와 실증 사업을 진행한 이력이 있어 폐배터리 관련주로 손꼽히는 종목입니다.

매매 시점 기준 시가총액 1조 원 이상인 경쟁업체 코스모화학, 성일하이텍에 비해 이지트로닉스의 시가총액은 약 600억 원 부근에 불과했습니다. 가벼운 만큼 변동성이 어느 정도 있는 종목이었죠. 폐배터리 테마는 다른 섹터에 비해 비교적 최근에 상장한 종목이 많았습니다. 이지트로닉스는 2022년 2월, 성일하이텍은 2022년 7월, 새빗켐은 2022년 8월에 상장했습니다.

관련 기사의 헤드라인만 살펴보면 다음과 같습니다.

'이지트로닉스, 70조 폐배터리 시장… 수혜주 기대감에 강세', 〈머니S(2022년 4월 28일)〉

'이지트로닉스, 전기차 컨·인버터 1위…폐배터리 재사용 기술 전기차 업계 '눈독'', 〈아시아경제(2022년 8월 26일)〉

'이지트로닉스, 17.9억 규모 태양광발전소 설치공사 계약 체결', 〈이데일리(2023년 3월 20일)〉

대부분의 뉴스에서 폐배터리 관련 내용이 부각되고 있음을 확인할 수 있습니다. 우선적으로 테마 자체의 밸류에이션이 좋은지 살펴본 다음 투자 판단을 내려야 합니다. 이지트로닉스는 2022년 2월 4일에 신규 상장한 종목입니다. 저는 2022년 3월부터 매매를 시작했는데요. 이 종목은 분할로 사고팔기를 반복하는 방식으로

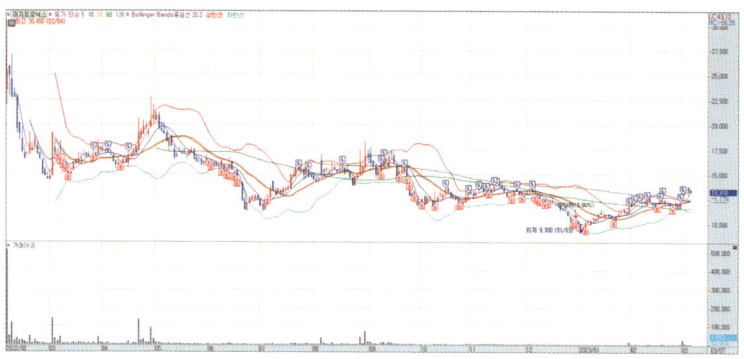

◆ 2022년 2월~2023년 3월 이지트로닉스 차트

매매했습니다.

 단순하게는 아래에서 사서 위에서 판다는 원칙을 잘 지키면서 매매하는 것이 중요합니다. 분할 비중에 신경을 쓰면서 평단을 잘 관리한다면 좋은 성과를 거둘 수 있습니다. 저는 이 방식을 통해 약 1년간 적은 종잣돈으로 100만 원이 넘는 수익을 거뒀습니다. 장기 우상향하는 종목이 아닌 보합 또는 하락 추세임에도 이러한 방식을 통해 지속적으로 수익을 창출합니다.

 이 매매 방식의 장점은 멘탈적으로 부담이 적다는 것입니다. 직장인은 주식창을 계속 쳐다보기 힘들다 보니 긴 호흡으로 매매하는 편이 마음의 조급함을 덜어줍니다. 주식 투자는 인내심 없는 사람의 돈을 인내심 있는 사람에게 이동시키는 도구라고 하잖아요? 심리적으로 편안하면 보다 현명한 매매가 가능합니다.

◆ 2022년 6월~2023년 3월 이지트로닉스 차트

차트를 좀 더 확대해서 자세히 살펴보겠습니다. 우선은 단기 추세와 장기 추세를 나눠서 보면 좋습니다. 단기적인 박스권을 지나는 구간이 있는데, 박스권 구간은 상단과 하단의 구분이 비교적 쉬운 편입니다. 그래서 아래에서 사서 위에서 파는 방식으로 진행하면 됩니다. 다만 이 박스권을 위 또는 아래로 뚫고 나가는 경우가 문제인데요. 이런 시나리오까지 항상 염두에 둔 채 분할 매매로 비중 관리를 하는 것이 중요합니다.

하단을 깰 위험이 있다면 손실 폭이 커질 수 있으니 매수 비중을 조절해야 하고, 상단을 깨는 경우 더 큰 상승으로 이어질 수 있어 분할 매도에 나서야 합니다. 이렇게 상단 또는 하단을 깨는 경우 좀 더 장기적인 시야로 넘어가야 합니다. 장기적인 추세로 앞으로 예상되는 시나리오를 감안해야 합니다. 여기서 추세란 대략적인 방향성을 의미합니다. 예를 들어 단기 박스권 하단을 깨는 경우 장기 추세상 하단 부근에서 조금씩 분할 매수를 해야 합니다. 무턱대고 소위 말하는 '물타기'를 진행하다가는 감당이 안 될 수 있습니다. 멘탈적으로도 흔들릴 수 있어 주의가 필요합니다.

저도 한때는 주식을 한 번에 크게 사서 한 번에 크게 파는 일종의 '게임'처럼 생각했습니다. 그러나 세상에 100%는 없습니다. 한 번에 사서 한 번에 파는 방식은 매수 직후 하락할 가능성을 고려하지 않은 접근이라고 볼 수 있습니다. 항상 확률적으로 접근해야 합니다. 한 번에 종잣돈을 몰아넣는 것이 아닌, 기준을 세워 조금씩 나눠서 분할 매매하는 방식으로 접근해야 합니다.

분할 매매만 잘해도 주식 초보에서 쉽게 벗어날 수 있습니다. 다만 분할 매매에 대한 근거는 전적으로 돈의 흐름에 있습니다. 큰 시장의 흐름을 읽고, 테마와 그 안에 속한 종목을 분류하고, 차트 상으로 안전한 위치를 잡기 위해서는 치밀한 분석이 필요합니다. 공부를 소홀히 하고 욕심만 앞세우면 결국 고점에 사서 저점에 파는 실수를 반복하게 됩니다. 제시하는 사례대로 접근하면 생각보다 어렵지 않을 것입니다. 할 수 있고 없고의 문제가 아니라 하고 말고의 문제라고 생각합니다.

사례 5
새빗켐

폐배터리 '재사용'은 배터리를 분해하지 않고 에너지저장장치(ESS) 등에 활용하는 것을 말하고, 폐배터리 '재활용'은 배터리를 분해해 니켈이나 리튬과 같은 소재를 추출해 이를 다시 새 배터

◆ 2022년 10월~2023년 6월 새빗켐 차트

리 제조에 투입하는 것을 말합니다. 새빗켐은 폐전지 재활용 사업과 폐산 재활용 사업을 영위하는 기업인데요. 증권가에서는 폐배터리 재활용을 통해 2040년 600만 톤 이상의 리튬, 니켈 등의 금속이 채굴될 것이라 전망하고 있습니다. 금액으로 환산하면 약 264조 원 규모입니다.

새빗켐의 차트를 보면 특이한 점이 있습니다. 잔파동 없이 긴 호흡으로 하락과 상승을 반복하는 걸 확인할 수 있습니다. 이런 경우 보조지표의 도움을 받으면 좋은데요. RSI는 주가의 상대적 강도를 나타내는 지표로, 파란색으로 색칠된 구간은 과매도 상태라고 분석할 수 있습니다. 2023년 5월에 다시 이런 구간이 오면서 매수에 나섰고 이후 천천히 상승하면서 수익 실현을 합니다. 변동성이 높아 잔파동이 많은 경우 거짓 신호가 발생하기도 하는데요. 이번처럼 긴 호흡으로 상승과 하락을 반복하는 패턴이 보인다면 보조지표의 도움을 받아 매매 타이밍을 잡아야 합니다.

사례 ④
반도체 테마

사례 1
넥스트칩

넥스트칩은 2022년 7월 코스닥에 상장한 종목으로 시스템 반도체 전문 기업입니다. ISP 기술을 바탕으로 ADAS 알고리즘을 탑재한 칩을 자체 기술로 생산하는 국내 유일의 팹리스 업체이기도 합니다. 넥스트칩은 ARM과 전략적 협업을 통해 차량용 반도체 표준인 'ISO 26262' 기능 안전을 만족하는 자동 발레파킹 및 자율주행

용 통합 반도체 개발에 착수한다고 밝힌 바 있습니다.

이번 매매는 재료와 수급에 근거해 진행했는데요. 2022년 9월 22일 삼성전자 이재용 부회장이 손정의 소프트뱅크 회장과 만나 글로벌 반도체 기업 ARM 인수에 대한 논의를 진행할 것이란 보도가 나오면서 급등한 사례입니다. 당시에도 실현 가능성에 대한 의문이 제기되었지만 양측의 만남 자체만으로도 큰 기대감을 불러왔습니다.

재료가 생기자 ARM과 관련 있는 기업들이 상승 흐름을 보였습니다. 특히 넥스트칩은 ARM과 전략적 협업을 통해 자율주행 반도체 개발을 추진한다고 밝힌 이력이 부각되며 상승하는 흐름을 보였습니다. 당시 넥스트칩은 상장 이후 약 3개월간 쭉 하락세였

◆ 2022년 7~9월 넥스트칩 차트

◆ 2022년 11월~2023년 3월 넥스트칩 차트

는데요. 신규 상장 후 쭉 하락한 종목의 경우 수급이 들어오면 크게 상승할 가능성이 있어 주목해야 합니다. 특히 거래량 없이 하락했다면 해당 구간은 매물대의 저항이 약할 수밖에 없습니다.

당시 월간테마를 보면 사실 챗GPT 테마가 시작된 것은 2022년 12월 19일쯤이지만, 12월에는 이틀 정도만 부각되다가 1월부터 본격적으로 주도테마로 자리합니다. 월간테마에 '챗봇/AI'라고 노란색으로 표시된 부분이 챗GPT 관련주가 주도한 날인데요. 1월의 주인공이라고 봐도 무방할 정도로 2월까지 강한 흐름을 이어갔습니다.

2022년 12월부터 시작된 챗GPT 열풍에 대해 짚고 넘어가도록 하겠습니다. 챗GPT는 오픈AI에서 만든 대화형 AI 서비스를 말

◆ 2023년 1~2월 월간테마

합니다. 사실 챗GPT가 없다가 갑자기 생긴 것은 아닙니다. 단지 버전이 향상되었을 뿐이죠. 뜨거운 감자가 된 계기는 새로 발표한 3.5버전이 나오면서부터입니다. 기존의 AI 챗봇을 압도하는 성능을 보여준 것입니다. AI와 자연스러운 대화가 가능해지자 세간의 이목이 집중됩니다. 지금이야 너무 익숙하지만 챗GPT가 사람처럼 농담을 하거나 개발자의 코드 오류를 잡는 모습은 당시만 해도 모두가 놀랄 만한 일이었죠. 한 차례 열풍이 지나간 이후 챗GPT는 우리네 일상에 자연스럽게 녹아들었습니다.

테마의 지속성과 강도를 평가하려면, 해당 테마가 실제 경제 구조나 산업에 어떤 변화를 야기할 수 있을지 분석해야 합니다. 그

변화가 크면 클수록 재료가 좋다고 볼 수 있겠죠. 넥스트칩은 직접적인 AI 챗봇 관련주는 아닙니다. 챗GPT 관련주가 1월을 휩쓸면서 넥스트칩과 같은 반도체 관련주가 바통을 이어받았는데요. 그 이유는 인공지능에 대한 수요가 폭발함에 따라 반도체 수요가 급증했기 때문입니다. GPU 품귀 현상까지 나타났죠. 특히 전 세계 GPU 공급의 90% 이상을 차지하고 있는 미국의 반도체 기업 엔비디아가 수혜를 받았습니다. 그 영향이 넥스트칩에까지 미친 것이죠.

당시 넥스트칩에 붙은 뉴스를 살펴보면 넥스트칩 역시 AI 반도체 관련주로 부각되었음을 알 수 있습니다.

챗GPT 열풍이 삼성전자, SK하이닉스 등 국내 메모리반도체 기업에 신사업 창출 기회가 되고 있는 가운데 넥스트칩의 주가가 강세다. 14일 오전 9시22분 현재 넥스트칩은 전거래일 대비 960원(9.46%) 오른 1만 1,110원에 거래되고 있다.

〈머니S〉 2023년 2월 14일 기사입니다.

개인적으로 챗GPT가 흥행하던 1월에 주도테마 매매를 많이 하지 못해 아쉬움이 컸습니다. AI 반도체 테마로 돈의 흐름이 이어지면서 이번에는 반드시 매매에 참여해야겠다는 생각을 했는데요. 강한 주도테마의 흐름에 올라탈 때는 크게 상승한 위치에서 진입하기보다는 약간의 시차를 두고 살짝 내려왔을 때 진입하는 것이 좋습니다. 테마의 재료가 정말 강하다면 당분간 지속적으로 상승할 테니 살짝 조정을 받을 때 진입하는 것이 유리합니다.

사례 2
가온칩스

가온칩스는 삼성전자 파운드리와 ARM의 공식 디자인 솔루션 파트너사입니다. 삼성전자 파운드리 공정을 사용해 시스템 반도체를 설계하고자 하는 팹리스 고객사에게 시스템 반도체 디자인 솔루션을 제공하고 있는 기업입니다. 차세대 AI칩 개발 기간과 비용을 절감할 수 있다는 점에서 가온칩스의 기술력이 주목받았습니다.

 2022년 5월 상장 직후 높은 수급으로 시장의 관심을 많이 받은 종목이기도 합니다. 6월 들어 ARM의 나스닥 상장 기대감이 확산되고, 삼성전자의 ARM 인수설까지 더해지면서 관련 수혜주로 시장의 주목을 받습니다. 삼성전자 파운드리와 ARM의 디자인 솔루션 파트너라는 점이 부각되었죠. 실체보다는 추측이 중심이었

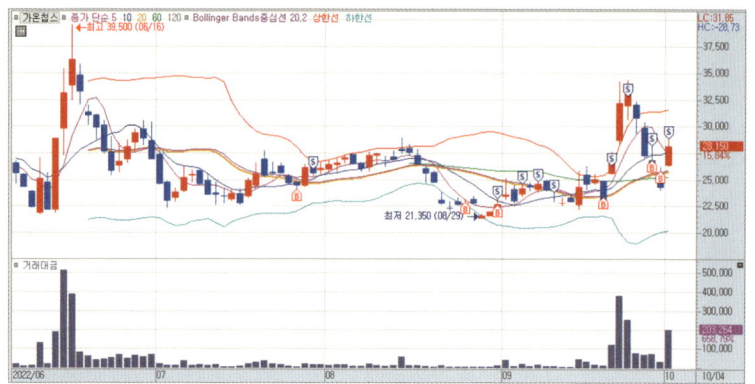

◆ 2022년 6~10월 가온칩스 차트

기 때문에 '아래에서 사서 위에서 판다'는 기본 원칙을 준수하며 매매한 사례입니다.

사례 3
이수페타시스

이수페타시스는 전자제품의 핵심 부품인 인쇄회로기판(PCB)을 전문적으로 생산하는 기업입니다. 2023년 5월부터 불기 시작한 엔비디아 중심의 반도체 훈풍 덕분에 이수페타시스도 수혜를 입었습니다. 구글에 이어 엔비디아, 마이크로소프트, 인텔 등 빅테크 기업을 고객사로 확보했으며, AI 가속기 수요 증가로 북미와 유럽 다수의 고객사에게 고다층 메인보드 기판(MLB)을 공급하고 있어 기대를 받은 종목입니다.

일반적으로 하루 거래대금이 1천억 원만 넘어도 수급이 강한 편인데, 5~7월간은 평균 수천억 원에서 강할 때는 1조 원을 넘기기도 합니다. 그만큼 AI 반도체 관련 대장주 엔비디아의 수혜를 많이 받은 종목이라 할 수 있습니다.

어떠한 종목의 주가가 상승과 하락을 반복하는 이유는 강한 수급이 꾸준하게 들어오기 힘들기 때문입니다. 하지만 이렇게 강한 수급이 지속적으로 들어오는 상황에서는 1~7월 차트처럼 정배열 형태로 주가를 꾸준히 밀어 올리기도 합니다. 테마 측면에서 보

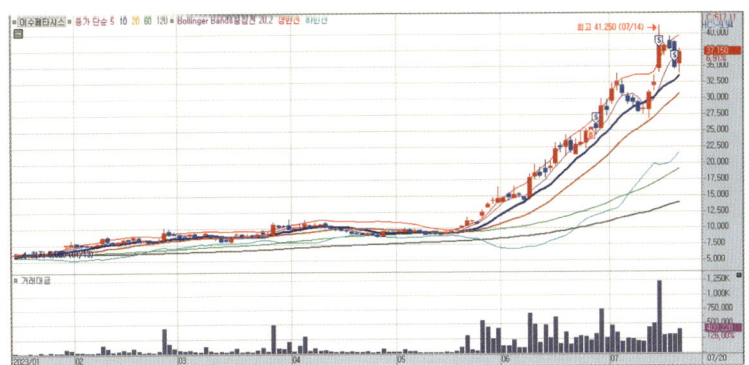

◆ 2023년 1~7월 이수페타시스 차트

◆ 2023년 6~7월 월간테마

면 단순히 국내에 한정된 재료가 아니기 때문에 가능한 일입니다. 미국에서 시작되었기 때문에 큰돈이 몰린 것이죠. 6~7월간 얼마나 수급이 강했는지는 월간테마를 보면 알 수 있습니다.

사례 4
SK하이닉스

여전히 국내 주식 시장 시가총액 1위는 삼성전자입니다. 하지만 2025년 상반기부터 희비가 엇갈리고 있습니다. 삼성전자는 5만

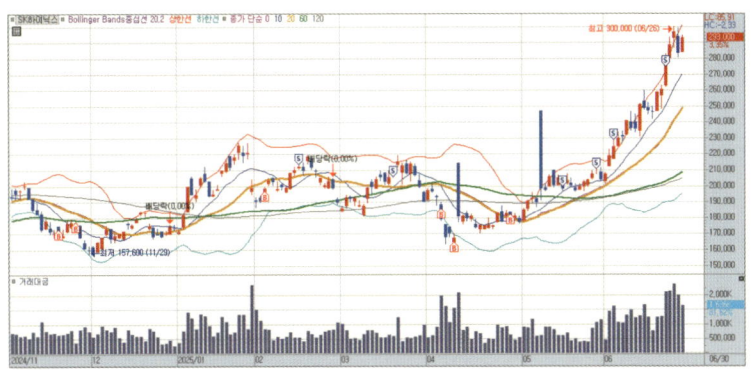

◆ 2024년 11월~2025년 6월 SK하이닉스 차트

~6만 원 박스권을 벗어나지 못하고 있는 반면, SK하이닉스는 2024년 전고점을 넘어 2025년 6월 30만 원을 찍습니다. 주봉 기준으로 역대급 거래대금을 갱신할 정도로 큰 수급이 몰립니다.

메모리 반도체 업황이 서서히 회복세를 보이는 가운데, SK하이닉스의 상승세는 마이크론과 커플링해서 보면 이해하기 쉽습니다. SK하이닉스는 엔비디아 등 주요 AI 반도체 기업에 HBM3E를 안정적으로 공급하며 사실상 시장을 독점하는 상황입니다. 반면 삼성전자는 품질과 수율 문제로 AI 수요에 적절히 대응하지 못하며 유독 소외된 모습을 보여주고 있죠.

사실 삼성전자와 SK하이닉스에 대한 엇갈린 전망은 과거부터 계속 나오고 있었습니다. 이러한 근거로 인해 돈의 흐름이 삼성전자보다는 SK하이닉스로 몰릴 것이라 예측했고, 주가의 작은 파동마다 아래에서 조금씩 모아갔습니다. 결국 메모리 반도체 업황이 개선되고 코스피가 반등하면서 수급을 동반한 상승이 이어졌고 분할로 수익 실현을 합니다.

사례 ⑤
인공지능·로봇 테마

사례 1
폴라리스오피스

폴라리스오피스는 원래 모바일 백신 솔루션, 모바일 게임, 보안 플랫폼 사업을 영위하는 기업입니다. 그런데 AI의 중심에 있는 엔비디아와 엮이며 2024년 5월 상승한 사례인데요. 폴라리스오피스의 종속사인 폴라리스쉐어테크가 엔비디아의 AI 스타트업 육성 프로그램인 인셉션 프로그램 회원사로 선정되며 크게 상승했습니다.

◆ 2024년 2~6월 폴라리스오피스 차트

폴라리스쉐어테크는 폴라리스오피스가 지분 53%, 폴라리스에이아이가 지분 47%를 보유한 블록체인, AI 신기술 연구개발 기업입니다. 전 세계 AI 반도체 시장을 선도하고 있는 엔비디아의 프로그램 회원사로 선정되면서 기술 경쟁력을 인정받은 것으로 풀이됩니다.

 차트 관점으로 보면 기본적으로 거래대금이 잘 터진 종목이며, 2024년 3월 한 달간 연속적인 하락 이후 4월부터 수급을 동반한 양봉이 조금씩 보이며 하락에 제동을 건 모습입니다. 이후 볼린저밴드가 수렴되는 구간에서 매수를 했는데요. 볼린저밴드가 수렴하는 구간 이후에 수급이 들어온다면 크게 상승하며 발산할 확률이 있다고 봤습니다. 운 좋게도 이 타이밍에 맞춰 앞서 언급한 엔비디아 인셉션 프로그램 회원사 선정 소식이 나오며 크게 상승합니다.

인공지능 테마는 직접적인 인공지능 기술 기업 외에도 반도체, 에너지, 클라우드. 로봇, 의료 AI, 메타버스 등 다양한 분야에 걸쳐 있습니다. 분야가 다양하므로 테마별로 종목을 정리한 뒤 눌림목에 위치한 종목 위주로 보는 것도 하나의 방법일 수 있습니다.

사례 2
레인보우로보틱스

레인보우로보틱스는 한국과학기술원 휴머노이드 로봇 연구센터 연구원들이 창업한 전문 벤처기업으로 한국 최초의 인간형 이족보행 로봇 '휴보'를 개발한 것으로 많이 알려져 있습니다. 현재 휴머노이드 로봇과 관련된 연구개발을 선도하고 있으며 AI와 로봇 기술을 활용해 물류, 제조, 서비스 등 다양한 산업에 진출할 것으로 예상됩니다.

레인보우로보틱스는 삼성전자와의 협력을 통해 로봇 관련 기술력을 강화하고 있습니다. 자율주행차 연구를 중단하고 로봇 인

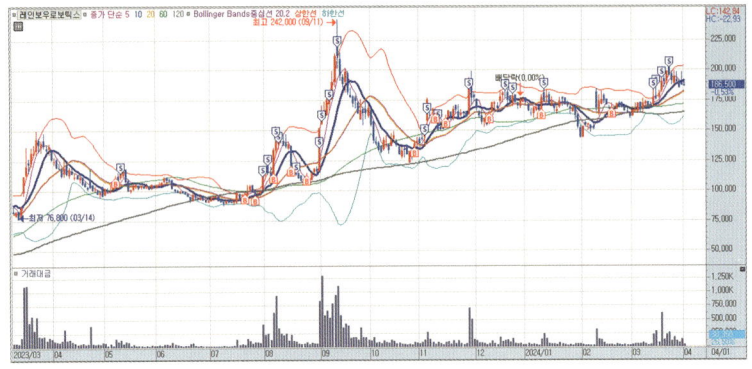

◆ 2023년 3월~2024년 4월 레인보우로보틱스 차트

텔리전스에 집중하기로 한 삼성전자로부터 투자를 받는 등 기술력과 시장 경쟁력을 인정받은 기업입니다.

    2차전지, 반도체, AI와 함께 로봇 또한 미래 가치가 높은 테마라고 할 수 있는데요. 그만큼 시장에서 꾸준히 부각되고 있습니다. 한 번 사고파는 것으로 끝나는 것이 아니라 장기적으로 사고팔기를 반복하면서 수익을 노리기 좋은 종목이라고 봅니다.

    차트를 보면 2023년 초 큰 상승 이후 한동안 하락하며 눌려 있는 상태였습니다. 두산로보틱스가 상장하기 전이었고, 삼성전자와의 관계가 있어 해당 테마에서 수급이 몰릴 것이라 예측했습니다. 7월말부터 수급이 상승하는 것을 확인하고 조금씩 담아가며 사고팔기를 반복합니다. 2023년 8~9월을 보면 가장 강할 때는 하루

◆ 2023년 8~9월 월간테마

1조 원이 넘는 거래대금이 발생했음을 알 수 있습니다.

8~9월 월간테마를 보면 해당 테마가 얼마나 수급이 강했는지 알 수 있습니다. 2024년 하반기 국내 주식 시장의 흐름은 좋지 못했는데요. 2025년 무렵 로봇이 떠오르면서 다시 크게 관심을 받기 시작했습니다. 특히 2024년 12월 31일 삼성전자가 레인보우로보틱스 지분율을 확대하고, 동시에 미래로봇추진단을 설립하면서 2025년 첫 거래일부터 레인보우로보틱스는 상한가를 갑니다. 이때도 거래대금이 1조 원을 상회하면서 레인보우로보틱스는 명실상부 로봇 테마의 대장주로 자리 잡습니다.

주식의 상승은 수급에 달려 있다고 계속해서 강조해왔습니다.

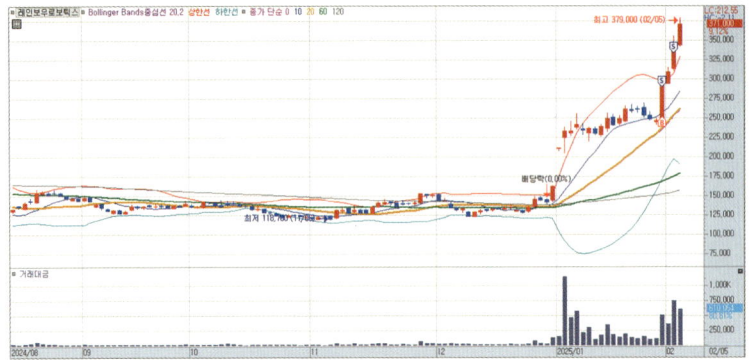

◆ 2024년 8월~2025년 2월 레인보우로보틱스 차트

차트를 보면 수급이 계속 받쳐주면서 주가가 무너지지 않는 모습인데요. 이 같은 현상은 시장이 당장의 차익보다는 향후 상승 가능성에 무게를 두고 있다는 신호로 해석할 수 있습니다. 그래서 무리하게 진입하기보다는 20일선 부근에서 정석적으로 매수를 했고, 매수한 바로 당일 급등을 보이면 볼린저밴드 상단에서 분할 매도했습니다.

국내뿐만 아니라 전 세계 로봇 시장에서 인공지능과 연계한 휴머노이드 로봇 투자가 활발해질 것이란 관측이 나오고 있습니다. 로봇 분야는 앞으로가 기대되는 테마입니다. 오픈AI, 엔비디아, 구글 등 글로벌 빅테크 기업도 휴머노이드 로봇 개발에 박차를 가하고 있어 지속적인 관심이 요구됩니다.

사례 3
두산로보틱스

두산로보틱스는 산업용 로봇 중 협동로봇 제조 및 솔루션을 제공하는 기업입니다. 2015년 4개의 협동로봇을 개발했고, 2020년 6개의 모델을 추가 출시하면서 협동로봇 시장에서 최대 라인업을 보유하고 있습니다. 협동로봇에 토크센서 방식과 중력보상기술을 적용해 안정성과 정밀성을 향상시켰고, 그 결과 안전등급 중 최고 수준의 등급(Performance Level e, Category 4)을 취득한 바 있습니다.

2023년 10월 코스피 시장에 신규 상장한 두산로보틱스는 상장 전부터 엄청난 기대를 받은 종목입니다. 국내 1위와 세계 4위

◆ 2023년 10월~2024년 2월 두산로보틱스 차트

의 협동로봇 전문 기업이고, 13개에 달하는 글로벌 경쟁사 대비 월등히 많은 제품군을 확보하고 있어 매출 성장이 기대된다는 평이 많았습니다. 다만 시장의 관심을 지나치게 많이 받으면 상장 당일 시초가가 너무 높아서 하락하는 모습을 보이기도 합니다. 공모가 대비 100%가 넘는 가격으로 시작하다 보니 매도물량이 나오면서 하락하는 모습을 보였죠.

상장 첫날에는 별 소득 없이 매매를 마무리했고 시장의 관심이 약해질 때까지 기다렸습니다. 이후 10월 30일에 다시 수급과 함께 상승하는 것을 확인하고 진입했습니다. 종목의 밸류에이션이 높기 때문에 상승하는 날 잡더라도 앞으로 더 오를 것이라 기대했습니다. 중간중간 분할 매수, 분할 매도하며 상승 흐름에 올라타

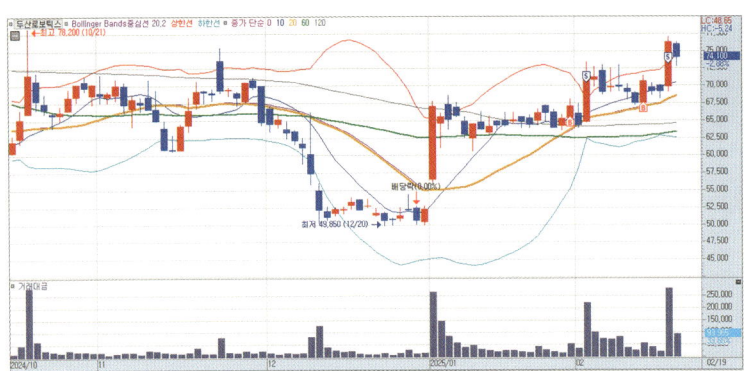

◆ 2024년 10월~2025년 2월 두산로보틱스 차트

수익을 거두게 됩니다.

시장의 관심이 과도하게 몰리는 경우 오히려 단기적으로는 즉각적인 상승이 나타나지 않을 수 있다는 점을 기억해두세요. 단기적인 횡보나 하락에 실망해 조급하게 움직이기보다는, 종목의 펀더멘털과 수급 흐름을 함께 점검하며 기다리는 여유가 필요합니다.

레인보우로보틱스와 마찬가지로 2025년 로봇주로 수급이 몰리면서 두산로보틱스도 1월 첫날부터 크게 상승합니다. 이후 6만 원 중반 가격대를 유지하는데, 이처럼 상승 이후에 가격이 무너지지 않고 지지된다면 추가 상승의 기대감이 반영된 것이라고 볼 수 있습니다.

6만 원 중반 가격대를 유지하는 모습을 보이자 정석대로 20일선 부근에서 매수했고, 바로 2일 뒤 급등하는 모습을 보여 볼린저밴드 상단에서 매도했습니다. 이후 가격이 조금씩 내려오자 다시 20일선 부근에서 매수했고 반등 흐름이 나오며 볼린저밴드 상단 부근에서 매도했습니다.

2025년 초부터 로봇 관련 종목에 개미들의 관심이 지나치게 집중되었기 때문에, 바로 치고 오르기보다는 6만~7만 원 사이에 형성된 저항 매물대를 어느 정도 소화하며 상승 흐름을 탈 것이라 예측했습니다. 실제로 일정 기간 조정을 거친 뒤 새로운 상승 추세를 형성하게 되었습니다. 테마에 대한 흐름, 차트의 움직임을 읽고 뚜렷한 매매 원칙을 견지한다면 이렇게 안정적인 매매가 가능하다고 생각합니다.

사례 ⑥
통신·자율주행 테마

사례 1
기가레인

2023년 1월과 3월에 매매를 통해 수익을 얻은 종목입니다. 기가레인은 통신 관련주로 분류되는데요. 2022년 11월, 사우디아라비아의 빈 살만 왕세자가 네옴시티 프로젝트와 관련해 삼성전자의 5G 기술에 관심을 보이면서 관련주인 기가레인이 상승한 바 있습니다.

◆ 2022년 9월~2023년 4월 기가레인 차트

　이 종목의 차트를 길게 보면 나름 변동성이 있는 종목입니다. 만약 수급과 변동성이 부족한 종목이라면 매수한 뒤 수익 실현까지 얼마나 긴 시간이 소요될지 모르기 때문에 주의가 필요합니다. 기가레인처럼 수급과 변동성이 어느 정도 있다면 파동의 아래에서 사서 위에서 판다는 개념만 잘 지켜도 괜찮은 수익을 거둘 수 있습니다.

　2023년 1월의 경우 12월 대비 과대 낙폭으로 가격이 하락한 상태였습니다. 이에 기술적 반등으로 상승할 것이라 기대했고 짧게 수익 실현을 했습니다. 다만 아쉽게도 이후에 더 큰 상승은 놓치고 말았습니다. 이를 교훈 삼아 3월에는 비슷하게 접근해 분할로 매도하며 상승의 끝단까지 수익을 누리게 됩니다. 매번 강조하지만 너무 한 번에 크게 먹으려고 욕심을 부리면 안 됩니다. 시장은 언제든 예측을 벗어날 수 있으니까요. 안정적으로 분할 매매하는 것이 멘탈 관리에도 좋습니다.

사례 2
퓨런티어

퓨런티어는 자율주행차 카메라 모듈 관련 자동화 장비 개발 및 판매 사업을 영위하고 있는 기업입니다. 주식 시장에는 2022년 2월 코스닥 시장에 신규 상장한 종목인데요. 원래는 모바일 카메라 장비를 주력 사업으로 영위하다가 2012년 미래 성장성을 보고 전장용 카메라 핵심 공정장비 개발에 착수해 2015년부터 자율주행, ADAS(첨단운전자지원시스템) 센싱 카메라 관련 부문에서 실적을 내기 시작합니다. 자율주행 시장은 중장기적으로 유망한 분야이기 때문에 자율주행, ADAS 핵심 솔루션 장비를 공급한다는 점에서 괜찮은 밸류에이션을 갖고 있는 종목입니다.

퓨런티어를 최초로 매매한 건 2022년 6월입니다. 매매일지를 다시 보니 타점이 많이 부끄럽습니다. 한창 나눠서 사고파는 분할

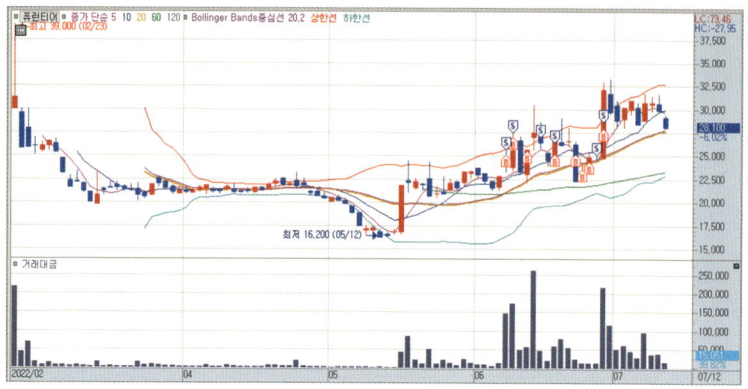

◆ 2022년 2~7월 퓨런티어 차트

매매를 연습하던 시기였습니다. 이동평균선에서 지지되는 포인트를 더 잘 잡았다면 좋았겠다는 생각이 듭니다. 그래도 종목 선정은 잘했는지 신규 상장 이후 하락하는 흐름에서 5월 17일 장대양봉을 기준으로 흐름이 전환되었는데요. 거기에 평균적인 거래대금 또한 5월 17일 이전 대비 좋은 흐름을 보여줍니다. 대개 이런 구간에서 좋은 기회가 많이 발생하니 잘 참고해주세요.

2023년 3~4월에 매매한 차트를 보겠습니다. 차트 이미지에 노란색으로 선이 하나 그어져 있습니다. 주가 약 1만 8,500원 부근에서 지지가 다수 발생했음을 알 수 있습니다. 2022년 말부터 1월 사이에 이 가격을 깼다가 바로 단기간에 회복한 부분이 있는데, 이런 부분을 세력의 골파기라고 합니다. 순간적으로 가격을 깨

◆ 2022년 10월~2023년 4월 퓨런티어 차트

면서 개미들을 어느 정도 털어낸 뒤 주가를 회복시키는 방법이죠. 이 골파기 부분을 제외하면 종목의 경향성을 봤을 때 적어도 1만 8,500원 부근은 지켜줄 확률이 높다고 판단했습니다. 이를 근거로 2023년 3~4월 지지가 일어나는 포인트에서 매수를 진행했고, 4월에 바로 상승하며 수익으로 이어집니다.

이렇게 종목의 차트적 경향성을 보며 지지가 되는 가격대를 찾기 위해서는 함께 고려할 부분이 있습니다. 바로 종목에 대한 가치 평가인데요. 해당 종목의 미래 성장 가능성, 시장 수급 상황, 재무 건전성 등을 함께 고려하는 것이 중요합니다. 퓨런티어는 2023년 1월, 테슬라로부터 약 1조 5천억 원 규모의 카메라 모듈 수주에 성공했다는 소식으로 시장의 기대감을 모았습니다. 센싱 카메라 모듈 장비의 국산화에 성공하고, LG이노텍을 주요 고객사로 확보한 점도 긍정적인 요소로 작용합니다. 자율주행차 시대가 본격적으로 열릴 것으로 예상되는 가운데, 해당 종목의 미래 가치가 충분하다고 판단한 점도 매수의 중요한 근거가 되었습니다.

사례 ⑦
초전도체 해프닝에 대해

2023년 7월 아카이브에 공개되며 세계적으로 큰 반향을 일으킨 LK-99. 해당 물질이 상온상압 초전도체일 수 있다는 주장에 학계와 세간의 이목이 집중됩니다. 하지만 한국초전도저온학회는 LK-99가 상온상압 초전도체라는 주장을 인정할 만한 근거가 없다고 발표했습니다. 상온상압 초전도체란 무엇일까요? 전기가 통하는 물질을 '전도체'라고 하는데요. 전도체에 전기가 흐를 때에 전기저항이 발생하면서 전류를 방해하는데 이러한 전기저항이 '0'인 물질을 초전도체라고 합니다. 물론 지금도 초전도체는 존재하지만

◆ 실제 가치가 증명되지 않아 본래 자리로 회귀한 초전도체 관련주들(차례대로 나노, 한울소재과학, 인지디스플레이)

초저온이나 초고압 상태에서만 구현할 수 있어 한계가 있습니다. 병원에 있는 MRI나 자기부상열차가 대표적이라고 할 수 있습니다.

국내 한 연구팀이 상온에서 전기저항이 없는 새로운 물질(LK-99)을 발견했다는 소식에 시장은 과열됩니다. 에너지 효율을 비약적으로 증진시킬 수 있는 초전도체 기술은 그 활용 범위가 넓어 미래 산업 전반에 영향을 미칠 것으로 기대되는 기술인데요. 증시에서도 강한 반응을 이끌었습니다. 그러나 LK-99가 결국 부도체임이 밝혀지면서 관련주도 큰 폭으로 하락합니다.

시장 과열에 주의해야

주식 시장은 미래 가치에 대한 기대감으로 움직이기 때문에 관심도에 따라 과열되며 버블이 끼는 경우가 많습니다. 초전도체 테마가 아주 대표적이라고 할 수 있는데요. 2023년 8월 월간테마를 보면 양자암호, 초전도체, 맥신 관련 테마가 강력한 흐름을 가져간 것을 확인할 수 있습니다.

초전도체 테마는 차트분석의 유효성이 낮은 편입니다. 시장

◆ 2023년 8월 월간테마

과열로 인해 비정상적인 자금 쏠림 현상, 즉 버블이 발생한 사례이기 때문입니다. 따라서 초전도체 테마에서는 매매 종목에 대한 차트분석은 생략하고, 광기에 따라 돈의 흐름이 빠르게 몰렸다가 빠르게 회수된 흐름만 살펴봤습니다.

앞으로도 이와 유사한 상황은 반복될 수 있습니다. 비슷한 테마가 등장할 것에 대비해 단기적인 대응 전략을 미리 고민해둘 필요가 있습니다. 투자의 핵심은 과도한 욕심은 자제하고 돈의 흐름에 따라 움직이는 것입니다. 어떤 테마든 실제 가치가 증명되지 않는다면 원래 자리로 회귀하기 마련입니다.

헤지 테마 ①
금리, 금 관련주

헤지(Hedge)란 일반적으로 '위험 회피'나 '리스크 관리'라는 의미로 쓰이는데요. 주식에서는 내가 보유한 금융상품이 하락할 경우를 대비해 반대로 움직이는 금융상품을 보유함으로써 예상치 못한 시장 변동에서 생길 손실을 줄이는 전략을 말합니다. 예를 들어 내가 A라는 주식을 보유하고 있는데 시장이 하락할 것 같다고 느껴진다면, 같은 산업군의 인버스 ETF나 공매도 포지션을 일부 함께 가져감으로써 A주식의 손실을 일정 부분 상쇄할 수 있습니다. 앞서 돈의 흐름에 대해 배우면서 지수의 흐름에 따라 대응법이 다르다고 이야기했는데요. 특히 하락이 예상되는 구간에서는 매매 비중을 많이 줄이고 수비적으로 매매해야 한다고 강조했습니다. 이럴 땐 무리하게 매매하기보단 잠시 쉬거나, 반대로 오히려 상승 중인 헤지 테마 쪽으로 방향을 트는 것도 한 방법입니다.

사례 1
SCI평가정보

SCI평가정보(현 서울평가정보)는 금리 인상 관련주로 부각되는 종목인데요. 기준금리 인상 시 대출금리가 상승하면 부실채권이 늘어 채권추심업이 활성화되기 때문입니다. 특히 지수가 하락하는 경우 헤지주의 역할을 하는 종목입니다.

2023년 1월 한 달간 급격히 오른 코스피는 상승의 피로감으로 2~3월은 하락하게 됩니다. 한편 당시 한국은행은 2022년 4월, 5월, 7월(빅스텝), 8월, 10월(빅스텝), 11월에 이어 2023년 1월까지 사상 처음으로 7회 연속 기준금리를 인상했는데요. 금리 인상 기조로 인해 SCI평가정보가 헤지주로 주목받으며 상승 흐름를 탑니다.

지수가 하락함에 따라 2월 15일부터 SCI평가정보는 상승 흐름

◆ 2022년 11월~2023년 3월 코스피 차트. 상승 피로감으로 2~3월은 하락하는 분위기였다.

을 타기 시작합니다. 종목 단위로 보면 2월 15일부터 거래량과 거래대금이 상승했습니다. 이러한 수급은 종목 단위의 돈의 흐름인 반면, 지수의 하락은 종목 단위보다 무겁고 방향에 관성이 있기 때문에 한동안은 지수가 하락할 확률이 높다고 볼 수 있습니다. 그에 따라 헤지주가 당분간 상승 흐름을 탈 것이라고 해석할 수 있습니다.

실제로 매매 타점을 보면 2월 15일부터 상승 추세를 타고 아래에서 사서 위에서 파는 매매를 반복합니다. 이처럼 지수 하락 시에는 단순히 비중을 줄이는 것뿐만 아니라, 오히려 상승세를 보이는 헤지 테마 쪽으로 비중을 옮기는 전략이 효과적일 수 있습니다.

◆ 2022년 9월~2023년 3월 SCI평가정보 차트. 코스피가 지지부진했던 2~3월 상승 흐름을 탄다.

하락 구간에서는 기존에 보유한 종목들의 비중을 조절하고, 여러 헤지 섹터 중 돈의 흐름이 들어오는 종목을 골라 유리한 타점을 잡아가면 됩니다.

보통은 지수가 상승하는 구간을 공략해서 포트폴리오를 구성하고 매매를 할 텐데요. 반대로 하락하는 구간에서 어떤 전략을 취할 수 있는지는 SCI평가정보 매매 사례를 통해 배울 수 있습니다. 다만 주의할 점은 지수 하락의 원인에 따라 주목받는 헤지 테마가 달라질 수 있다는 것입니다. 전쟁 리스크로 지수가 하락했다면 식량주가 오를 수 있고, 금리 인상으로 인한 유동성 축소가 원인이라면 은행주가 오를 수 있습니다. 이런 점을 잘 확인하면 지수 하락 구간에서도 기회를 포착할 수 있습니다.

사례 2
푸른저축은행

푸른저축은행도 금리 인상 관련 종목인데요. 푸른저축은행은 제2금융기관으로 예금과 대출을 주 업무로 영위하는 상호저축은행입니다. 당시 글로벌 긴축 정책에 따른 기준금리 상승으로 수혜를 얻은 종목입니다. 통상 기준금리가 오르면 대출금리도 함께 오르기 때문에 푸른저축은행처럼 예대마진으로 수익을 얻는 은행주가 헤지주로 떠오르게 됩니다.

매매 시점을 보면 2022년 7~8월은 금융통화위원회의 빅스텝으로 금융주가 '강세'를 보이던 때입니다. 또 미 연준의 9월 자이언

◆ 2022년 4~9월 푸른저축은행 차트

트스텝 전망으로 기대감이 부각되기도 했습니다. 차트를 보면 4월부터 쭉 우하향하다가 빅스텝의 영향으로 7월 18일 수급이 들어오며 상승했음을 알 수 있습니다.

여기서 미래에 대한 추가적인 기대감이 없다면 보통은 다시 흘러내리면서 하락하는 경우가 대부분인데요. 푸른저축은행은 하락하지 않고 버텨주는 모습을 보여줍니다. 금리 인상 기조가 단기간으로 끝나지 않을 것이라 기대하는 전망이 차트에 반영되었다고 볼 수 있습니다. 이 경우 추가적인 상승이 가능하다고 해석할 수 있습니다. 실제로 한국은행 금융통화위원회는 2022년 8월 25일 기준금리를 2.50%로 0.25%p 인상합니다. 물가와 환율 방어를 위한 선택이었습니다. 그 결과 푸른저축은행은 9월 30일 최고점 2만 1,300원까지 상승했습니다.

중요한 내용이라 다시 정리해보겠습니다. 돈의 흐름만 놓고 보면, 푸른저축은행이 급등 이후에도 하락하지 않았던 이유는 장기 상승 가능성에 대한 투자자들의 심리가 뒷받침되었기 때문입니다. 인플레이션 대응 차원에서 한국은행 금융통화위원회의 금리 인상 기조가 장기적으로 이어질 것이라는 근거가 매매일지에 반영되었다고 볼 수 있습니다.

사례 3
엘컴텍

이번에는 금 관련주를 살펴보겠습니다. 엘컴텍은 몽골에 금이 매장된 광구 탐사권을 보유하고 있어 금 관련주로 꼽히는 기업입니다. 2008년 글로벌 금융위기와 2020년 코로나19 팬데믹 등 국제적인 리스크가 터지면 안전자산 선호 현상이 강해지면서 금값이 오르곤 합니다. 이런 때에 대비해 직접 금에 투자하는 방법도 있지만 금 관련주를 통해 헤지하는 방법도 있습니다. 최근에는 러시아-우크라이나 전쟁, 중동 지역에서 발생하는 지정학적 리스크로 인해 금값이 천정부지 상승한 바 있습니다.

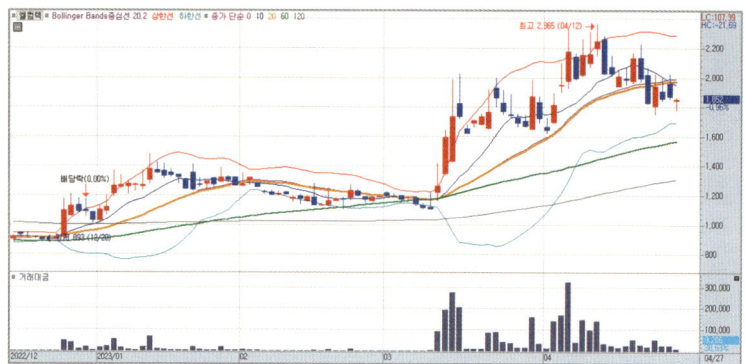

◆ 2022년 12월~2023년 4월 엘컴텍 차트

다음은 〈비즈니스포스트〉 2023년 3월 14일 기사입니다.

엘컴텍, 아이티센 등 금 관련주 주가가 장중 급등하고 있다. 미국 실리콘밸리뱅크(SVB) 파산사태로 안전자산 선호 심리가 강해지면서 금값이 급등했기 때문으로 보인다. 14일 오전 11시 13분 기준 엘컴텍 주가는 전날보다 22.34%(278원) 급등한 1,545원을 기록하고 있다. 엘컴텍 주가는 전 거래일(14.14%)에 이어 급등하고 있다. 엘컴텍은 전자부품 제조 및 판매 기업이다. 몽골 지역에서 금이 매장된 금광을 보유하고 있는 점이 부각된 것으로 파악된다.

엘컴텍은 금 관련주 중에서는 대장주로 꼽힙니다. 몽골 현지에 설립한 자회사 AGM MINING(지분 55% 보유)을 통해 3개의 탐사권을 확보한 상태입니다.

이 밖에 한국금거래소를 자회사로 보유 중인 아이티센글로벌, 폐가전제품에서 금 등을 추출해 재활용 사업을 영위하는 티케이지애강, 희소금속 분야의 비철금속 등을 생산해 판매하는 고려아연이 금 관련주로 꼽힙니다. 변동성이 크지 않은 금에 비해, 금 테마주는 시황에 따라 크게 움직일 수 있어 단기 수익을 노리기에 적합합니다. 경기 불확실성이 커질수록 금 테마주에 대한 관심은 더

욱 높아지는 경향이 있습니다. 대외 리스크로 인해 국내외 증시가 모두 하락하는 시기에 금값이 상승하는 흐름을 보인다면 금 관련 주로 시선을 돌리기 바랍니다.

헤지 테마 ②
품절주, 스팩주

사례 1
양지사

앞서 주식 시장이 하락할 때 금리 인상 관련주가 상승하는 흐름에 대해 알아봤습니다. 이는 금리 인상과 시장 하락 사이의 상관관계에서 비롯된 흐름으로 이해할 수 있습니다. 이번에는 하락장에서 지켜볼 만한 또 다른 테마 '품절주'에 대해 알아보겠습니다. 일상적으로 품절이라는 표현은 상품이 모두 팔려 더 이상 남아 있지 않

◆ 2023년 3~10월 양지사 차트

다는 의미로 사용됩니다. 동일한 의미로 품절주는 주식 시장에서 유통된 주식이 다 팔려나가 거래가 어려운 주식을 의미합니다. 대개 대주주의 지분율이 높고 유통 주식수가 적은 기업의 주식이 품절주에 해당합니다.

그 대표적인 사례가 바로 양지사입니다. 품절주의 특징은 유통 주식수가 적다는 점인데요. 이 때문에 거래량이 적고 가격 변동성이 큰 편입니다. 유통 주식수가 적기 때문에 상대적으로 적은 거래대금만으로도 가격 변화를 가져올 수 있습니다. 시황에 따라 변동성이 확대될 수 있어 주의가 필요한데요. 반대로 삼성전자처럼 시가총액이 크고 무거운 종목은 가격이 움직이기 쉽지 않습니다.

하락장일 때 품절주를 주목해야 하는 이유는 무엇일까요? 시장 흐름이 너무 나쁘다면 투자자들의 투자 심리가 얼어붙기 마련입니다. 어떤 종목을 매수하더라도 다 떨어지니 투자하면 손해라는 심리가 강해지기 때문이죠. 이런 상황에서 적은 수급으로도 가격이 크게 상승할 수 있는 품절주에서 변화가 감지되면 금세 수급이 몰리곤 합니다.

많은 투자자가 하락장에 강한 품절주의 특성을 알고 있기 때문에 시장이 흔들릴 때 오히려 기회가 생기기도 합니다. 다만 품절주는 하락장에 단기 매매로 이득을 보기에는 괜찮지만 장기간 가져갈 경우 그만큼 리스크가 있으니 주의가 필요합니다. 품절주 리스트를 관심종목으로 저장해놓은 뒤 하락장에서 반응이 올 때만 지켜보는 것을 권합니다.

사례 2
삼성머스트스팩5호

종목 이름에 '스팩'이 들어가는 경우가 있죠? 여기서 스팩(SPAC; Special Purpose Acquisition Company)은 오로지 기업 인수만을 목적으로 하는 주식을 뜻합니다. 상품이나 서비스를 제공하지 않고 특정 기업의 인수합병을 목적으로 설립된 껍데기 회사인 것입니다. 스팩주는 상장 후 3년 안에 합병을 완료해야 하며, 만약 3년 안에 합병 대상을 찾지 못한다면 상장폐지 절차를 밟습니다. 상장폐지가 되더라도 투자자는 원금과 소정의 이자를 회수할 수 있습니다. 물론 상장폐지까지 기다리면서 매매를 하지는 않겠지만요. 참고로 코스피, 코스닥 두 시장에서 스팩을 통해 상장할 수 있으나 지금까지 상장에 성공한 스팩은 거의 대부분 코스닥 시장이었습니다.

스팩주는 기본적으로 차트분석에 기반해서 매매하는 것이 좋습니다. 상대적으로 가볍기 때문에 그만큼 변동성에 따른 리스크가 큰 편입니다. 위험성이 높기 때문에 특정 기준선을 정해놓고 그 이상으로 내려가면 손절을 하는 등 명확한 기준을 잡고 매매해야 합니다. 스팩주는 대개 주기적으로 상승하는 모습을 보여 소액으로 분할 매매를 하기 유리한 종목인데요. 가벼운 만큼 상승폭이 크다는 장점이 있습니다.

삼성머스트스팩5호의 경우 삼성전자의 대규모 M&A 가능성에 따라 수급이 붙었는데요. 삼성머스트스팩5호와 삼성전자 간에 실질적인 관계가 없더라도 이름 때문에 관련주로 묶여 상승하는 신기한 현상이 벌어졌습니다.

◆ 2022년 10월~2023년 2월 삼성머스트스팩5호 차트

앞서 스팩주가 가볍다고 설명했는데요. 변동성이 큰 만큼 분할 매매의 기준을 다른 종목보다 확대해서 잡는 것이 좋습니다. 예를 들어 다른 종목이 5% 하락할 때 스팩주는 10% 하락할 수 있다고 가정하고 시나리오를 세워야 합니다. 그에 따라 초기 진입 비중을 줄이고 보다 미세하게 분할해서 매수하는 방식을 취해야 합니다. 대신 하락하는 기간은 길고 상승하는 기간은 짧은 편이기 때문에 여러 번 분할 매도하기보다는 한 번에 정리하는 전략을 취했습니다.

참고로 삼성머스트스팩5호는 합병 공시를 내지 못해 상장폐지되었습니다. 스팩 합병도 결국 신규 상장과 동일하기 때문에 경기가 안 좋아지면 상장 기업의 수가 줄어들 수밖에 없습니다. 실제로 IPO 시장이 침체되며 당시 삼성머스트스팩5호를 비롯해 엔에이치스팩20호, 신한제8호스팩 등이 청산되었습니다.

스팩주의 성향만 제대로 파악한다면 생각보다 심리적으로 편하게 매매가 가능합니다. 상장폐지되기 전까지 지속적으로 지켜볼 만한 테마라고 생각합니다.

신규 상장주 매매법

신규 상장주에서 기회를 찾다

신규 상장주는 주식 시장에 새로이 상장된 기업의 주식을 의미합니다. 신규 상장주는 상장 당일 많은 투자자의 관심을 받기 때문에 수급이 몰리면서 높은 변동성을 보이는 특징이 있습니다. 일반적으로 주식이 하루 최대 상승할 수 있는 상한가의 기준은 +30%입니다. 하지만 딱 하루, 신규 상장일에는 공모가의 4배까지 상승이

코스닥

N	연속	누적	종목명	현재가	전일비	등락률	거래량	시가	고가	저가	PER
1	1	1	LS머트리얼즈	24,000	↑ 18,000	+300.00%	42,914,623	19,940	24,000	19,900	N/A
2	1	3	태성	3,865	↑ 890	+29.92%	21,820,197	3,045	3,865	3,040	-36.81
3	1	4	넥스트아이	955	↑ 220	+29.93%	52,752,338	721	955	715	-6.37
4	3	4	와이더플래닛	8,150	↑ 1,880	+29.98%	113,987	8,150	8,150	8,150	-4.05
5	1	2	글로본	1,138	↑ 262	+29.91%	2,444,145	881	1,138	881	-6.12
6	1	2	엔터파트너즈	3,365	↑ 775	+29.92%	1,438,167	2,590	3,365	2,350	-13.41
7	1	1	제넨바이오	490	↑ 113	+29.97%	3,842,132	365	490	365	-0.68

◆ LS머트리얼즈는 상장 첫날 300% 상승했다.

가능합니다. 2023년 한국거래소는 신규 상장주의 상장 첫날 가격 변동폭을 공모가의 60~400%로 확대 개선했습니다. 이 책에서 지속적으로 강조하는 주식 투자의 기본 원리가 무엇인가요? 바로 돈의 흐름이죠. 신규 상장주의 가격 제한폭이 완화되면서, 수급의 흐름을 제약하던 장치가 사라졌다고 볼 수 있습니다. 이 기회를 놓칠 수 없겠죠?

실제로 2023년 12월 코스닥 시장에 신규 상장한 LS머트리얼즈는 상장 첫날 가격 제한폭인 400%(따따블)에 도달했고, 공모가(6천 원)보다 4배 급등한 2만 4천 원에 첫날 거래를 마쳤습니다. 이날 종가 기준 시가총액은 무려 1조 6,237억 원으로 코스닥 시장 시총 순위 25위에 올랐습니다.

물론 공모주 청약을 통해 미리 주식을 보유하는 방법도 있지만, 청약경쟁률이 높은 경우 배정받을 수 있는 주식의 수가 제한적이라는 단점이 있습니다. 큰 변동성을 보이는 만큼 매매금액과 기

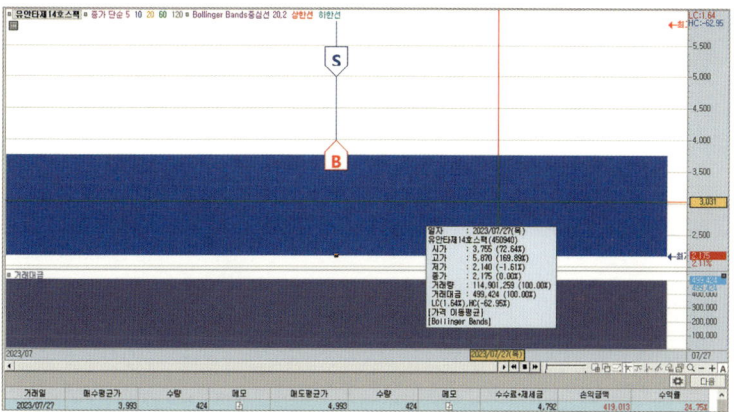

◆ 유안타제14호스팩 상장 당일 차트

준을 잘 세워서 접근한다면 소액으로도 큰 재미를 볼 수 있습니다.

유안타제14호스팩 상장 당일 차트를 보겠습니다. 수익률 24%로 약 40만 원의 수익을 얻은 사례입니다. 참고로 신규 상장주 중 스팩주는 무조건 당일에 마무리하는 것이 중요합니다. 스팩주는 기본적으로 공모가가 2천 원인데, 스팩 합병과 관련된 재료가 없다면 기본 가격인 2천 원으로 회귀하는 성질이 있습니다. 혹시나 매수 후에 내가 정한 기준가를 깨고 내려간다면 무조건 손절하고 빠져나오는 것이 중요합니다.

이번에는 에스케이증권제9호스팩을 보겠습니다. 수익률 30%로 약 19만 원의 수익을 얻었습니다. 당일 최고가는 7,150원이었습니다. 신규 상장주는, 그중에서도 스팩주는 되도록 당일에 매매

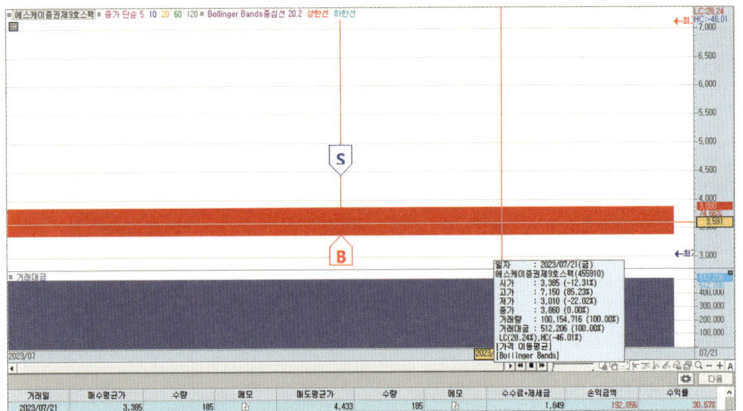

◆ 에스케이증권제9호스팩 상장 당일 차트

를 마무리하는 것이 좋습니다. 예를 들어 7천 원에 매수했는데 제 때 손절하지 못해서 2천 원까지 빠진다면 큰 손해를 보게 되겠죠. 과도한 욕심을 부리지 않고 손절 기준만 잘 지킨다면, 당일 강한 수급 흐름을 활용해 수익은 극대화하고 손실은 통제 가능한 수준으로 관리할 수 있습니다.

    사례를 한 가지 더 살펴보겠습니다. 바이오 소재 기업 지에프씨생명과학은 2025년 6월 30일 코스닥에 신규 상장한 종목입니다. 최근 신규 상장한 종목들의 흐름을 보면 대체로 장 시작 후 하락하는 흐름이 많았기 때문에 곧바로 매수하기보다는 지켜보는 것을 선택했습니다.

    2만 2천 원 부근에서부터 눌림목을 형성하는 모습을 보였고, 2만

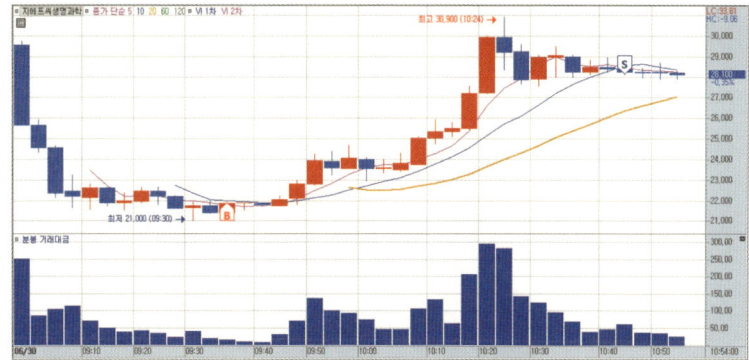

♦ 지에프씨생명과학 상장 당일 차트

1,500원 부근을 깨면 더 크게 하락할 가능성이 있어 2만 1,500원을 손절 기준으로 잡고 매수했습니다. 다행히 눌림목에서 지지가 된 이후 수급이 들어오면서 상승 전환을 했고, 강한 상승 후 힘이 약해지면서 수익률 28%로 만족하며 빠져나왔습니다.

　신규 상장종목은 당일 수급이 강한 만큼 변동성이 크기 때문에 높은 수익률을 기대할 수 있는데요. 안전한 위치에서 손절 기준을 잘 정해놓고 매매한다면 '로우 리스크 하이 리턴'이 가능합니다.

개별 재료나 이슈로 움직이는 종목

주도테마가 아닌 개별 재료나 테마로 움직이는 종목 또한 주목해야 합니다. 특정 기업이나 산업에 관련된 뉴스나 기술 발전, 이벤트 등에 따라 주도테마가 아니더라도 크게 움직이는 종목들이 있습니다.

우선 특정 기업의 신제품 출시나 실적 발표에 따라 주가가 크게 변하는 경우가 있습니다. 신기술이나 실제품의 출시 소식은 해당 기업의 주가에 긍정적인 영향을 미칠 수 있습니다. 특히 기술 기업의 경우 혁신적인 제품을 출시하면 주가가 크게 상승할 수 있습니다. 물론 반대로 출시 결과가 기대에 못 미치면 하락하는 경우도 있으니 시장의 반응을 민감하게 살필 필요가 있습니다. 또 어닝 서프라이즈로 기대 이상의 실적이 발표되면 주가가 상승하고, 반대로 어닝 쇼크로 예측치보다 낮게 나오면 주가가 하락할 수 있습니다. 이 밖에 인수합병 소식이나 정부의 규제, 연구개발 성과 등 해당 기업 또는 산업과 관련된 뉴스로 주가가 오르는 경우가 있습니다.

이러한 개별 재료나 테마는 시장의 주도적인 트렌드와는 별개로 움직이기 때문에 재료와 차트분석을 통해 주기적으로 점검해서 기회를 포착해야 합니다. 이번 챕터에서는 주도테마가 아니더라도 이슈와 차트분석을 통해 수익을 낼 수 있는 개별 종목 매매 사례를 소개하겠습니다.

사례 1
프로이천

프로이천은 디스플레이용 OLED 및 LCD 디스플레이 검사장치 제조와 디스플레이 반도체인 DDI칩 검사를 위한 반도체 검사장치

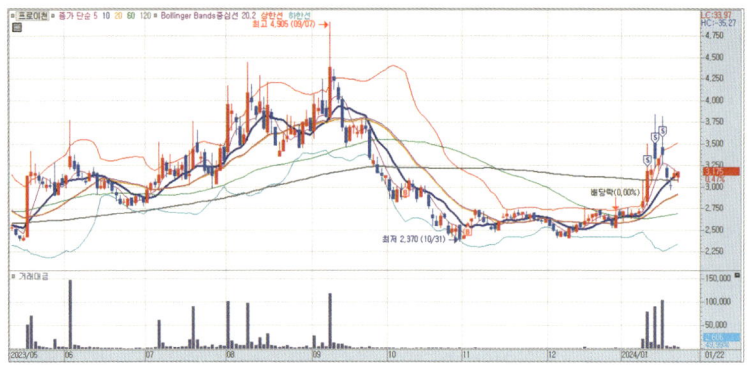

◆ 2023년 5월~2024년 1월 프로이천 차트

제조 사업을 영위하는 기업입니다. 특히 프로이천은 디스플레이 검사장치에 대해 세계 최초 프로브 블록 특허를 받았는데요. 삼성디스플레이와 LG디스플레이 양사의 1차 협력사로 디스플레이 검사 시장에서 독보적인 위치를 차지하고 있습니다. 기본적인 밸류에이션이 나쁘지 않은 기업입니다.

차트를 보면 종목에 꾸준히 수급이 들어오며 상승과 하락을 반복하는 모습입니다. 괜찮은 투자 기회가 많이 보이는 종목입니다. 한 차례 상승 흐름이 끝나고 하락하는 시기에 눌림목 지점에서 분할로 매수해 담아놓는데요. 첫 매수는 2023년 10월 첫 눌림목 부근이었고, 이 지점이 깨졌지만 2023년 5월 저점 부근인 2,500원대에서 2차로 진입했습니다.

일반적으로 기업의 밸류에이션에 문제가 없고 변동성이 있는 종목이라면 이전 저점을 깨고 우하향할 확률은 낮습니다. 이를 근거로 계속 지켜볼 수 있었고, 역시나 다시 수급이 들어오면서 새로운 기회가 찾아왔습니다.

2024년 1월 프로이천은 대구경북과학기술원 한상윤 교수와 한국과학기술원 유경식 교수의 공동 연구팀이 대기전력을 기존 대비 100만 배 이하로 줄인 MEMS 적용 광 GPU기술 개발에 성공하며 급등한 바 있습니다. 주가가 오름세로 돌아서자 분할 매도로 수익을 봅니다. 종목 자체의 밸류에이션이 나쁘지 않으면서 꾸준히 변동성을 갖는 종목의 특성을 활용한 케이스였습니다.

이후 다시 2천 원 중반대로 가격이 떨어지고 눌림목을 형성하

◆ 2023년 5월~2024년 1월 프로이천 차트

는 구간에서 재차 매수했습니다. 매도 원칙대로 5월초 볼린저밴드 상단에서 한 번 매도해 수익 실현을 합니다. 이후에 바로 연속적인 상승으로 이어지지는 않았고 원래 가격대까지 내려와서 재매수했습니다. 그러다 아래 기사와 함께 주가가 급등해 다시 한번 수익 실현을 합니다.

삼성디스플레이와 LG디스플레이 양사는 이달 애플 아이폰16프로의 OLED 양산 승인을 받았다. (…) 이 같은 기대감 속에 프로이천에 수혜 기대감이 나오고 있다. (…) 프로이천은 세계 최초로 프로브 블록 특허를 기반으로 한 스마트 프로브를 개발해 주요 고객사에 공급하고 있는데 삼성전자와 LG디스플레이 양사의 1차 핵심 협력사로 디스플레이 검사 시장에서 경쟁력을 확보 중인 점이 부각됐다.

〈파이낸셜뉴스〉 2024년 5월 28일 기사입니다.

비록 3천 원대에 강한 저항이 형성되어 윗꼬리로 마감되었지만, 밸류에이션이 뛰어난 종목은 시간이 지남에 따라 반복적인 상승을 보여주는 경향이 있습니다. 부담 없는 구간에서 분할 매수하는 전략이 유효할 수 있습니다.

사례 2
알체라

메타버스 테마는 당시 큰 관심을 끌었지만 결국 제대로 된 게임 체인저가 나오지 못하며 힘을 많이 잃은 섹터입니다. 이 중 메타버스 관련주로 엮였던 알체라를 매매한 사례입니다. 알체라는 인공지능 영상인식 분야에서 토탈 솔루션 기술을 제공하고 있는 회사입니다. 네이버 메타버스 서비스의 핵심인 제페토에 기술을 지원하면서 메타버스 관련주로 부각됩니다.

알체라는 네이버 외에도 KT, SK텔레콤, 한국전력, 삼성전자 등 주요 고객사를 상대로 AI 관련 사업 협력 및 기술 판매 확대에 주력해왔는데요. 특히 KT와는 5G 이동통신과 AI 모바일엣지컴퓨팅(MEC)을 적용한 얼굴인식 서비스를 개발하는 등 기술 협력을 진행한 이력이 있습니다.

바닥권이 다져진 상태임에도 여러 매집봉이 의심스럽게 보였고, 11월 무상증자로 가격 변동을 겪은 뒤에도 수급이 마르지 않고 매집봉이 보이자 매수를 진행한 사례입니다. 타이밍 좋게 매수한 다음 날 뉴스와 함께 바로 급등하면서 약 13% 수익을 보고 빠르게 정리했습니다.

◆ 2022년 9~12월 알체라 차트

알체라(347860) 주가가 오름세다. 네이버의 메타버스 플랫폼인 제페토가 미국의 메타를 앞서나가고 있다는 소식이 전해진 영향으로 풀이된다. 알체라는 제페토를 만든 네이버제트에 3차원 전신 인식 기술을 독점 탑재한 것으로 알려진다.

〈이데일리〉 2022년 12월 2일 기사입니다.

여담으로 이때의 매집봉이 2023년 1~2월에 역할을 하며 거의 2배가 넘는 가격까지 상승했는데요. 평소에 관심종목으로 정리한 종목들의 차트를 자주 지켜보면 이처럼 좋은 기회를 포착할 수 있습니다.

사례 3
코오롱모빌리티그룹

코오롱모빌리티그룹은 코오롱글로벌의 자동차 사업 부문이 인적분할되어 신규 상장한 종목입니다. 신규 상장 당시 크게 상승한 뒤 긴 기간 하락하는 흐름을 보였는데요. 보통 이런 경우 눌림목 부근에서 기술적 반등을 보여줄 확률이 높습니다.

  이동평균선상으로 10일선에 걸쳐 있던 위치에서 첫 번째로 매수합니다. 이후 상승분에 매도했습니다. 눌림목에서 반등이 나올 때 역배열에서 정배열로 바뀌며 쭉 밀고 나가는 상승이 아니라면 다시 흐름이 꺾일 수 있으니 조심해야 합니다.

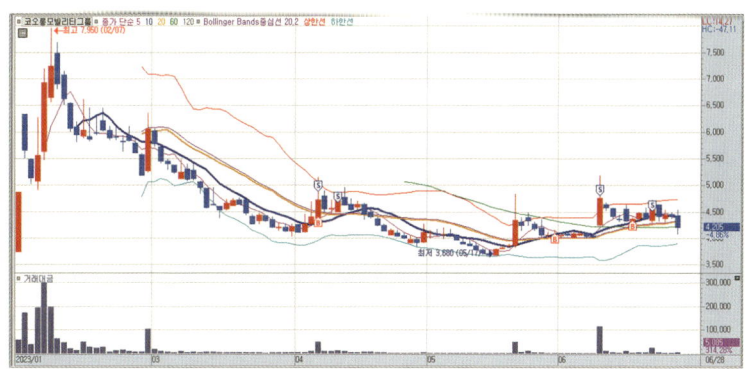

◆ 2023년 1~6월 코오롱모빌리티그룹 차트

이후 5~6월에는 하락에서 상승으로 추세가 전환되는 타이밍에 진입했습니다. 다만 크게 상승한 날에 급하게 진입하는 것이 아니라 어느 정도 가격이 내려오는 눌림목 부근에서 천천히 진입했습니다. 이렇게 해야 아래에서 사서 위에서 파는 정박의 패턴에 올라탈 수 있습니다.

많은 분이 급등하는 양봉을 보고 마음이 조급해져서 팔아야 할 타이밍에 사고, 사야 할 타이밍에 손절하곤 합니다. 이러한 엇박이 나지 않도록 인내심을 키우는 연습을 많이 하는 게 중요합니다. 주식으로 수익을 내는 기본 원리는 인내심 없는 사람에게 사서 인내심 없는 사람에게 파는 것입니다. 우리가 인내심 없는 사람에 해당되면 안 되겠죠?

사례 4
오토앤

2023년 2월에 매매한 오토앤이라는 종목입니다. 오토앤은 2008년 현대차 사내벤처로 설립된 회사로 자동차 액세서리 등을 만드는 회사입니다. 주식 시장에서는 중고차 시장 관련주로 많이 알려져

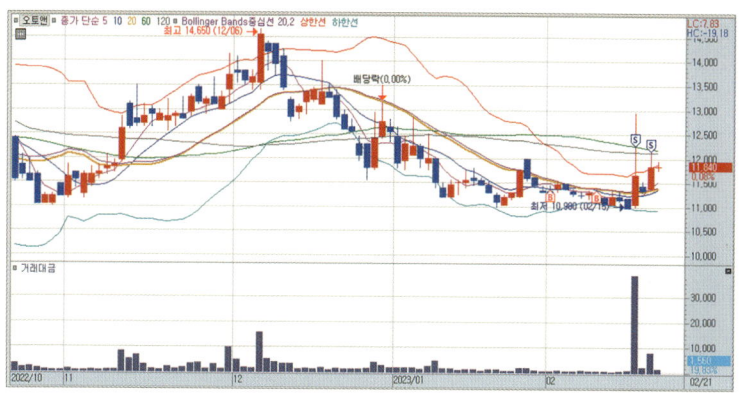

◆ 2022년 10월~2023년 2월 오토앤 차트

있는데요. 대기업 중고차 시장 진출 이슈는 2022년부터 기사가 많이 나왔습니다. 중고차 시장은 2013년 중소기업 적합 업종으로 지정되었으나 2019년 만료되었고, 이후 숱한 논란과 업계 반발로 대기업의 중고차 시장 진출이 제한되는 상황이었습니다. 그러다 3년이 지난 2022년부터 재점화되기 시작했습니다.

결론적으로 대기업 진출은 1년 유예되었지만 주식 시장에서는 나름의 일정이 확정된 터라 좋은 재료라고 여겨졌습니다. 잘 기억해뒀다가 좋은 위치에서 관련주를 매매한다면 높은 확률로 수익을 볼 수 있겠다고 생각했죠.

현대차는 오토앤의 지분을 8% 보유하고 있는 대주주입니다. 대기업 중고차 시장 진출과 관련해서 오토앤이 시장에서 지속적으로 언급된 이력이 있기 때문에 매력적이라고 생각했습니다. 차트 또한 전저점 부근에서 바닥을 다지는 형세여서 부담이 적었습니다.

이후 예상대로 관련 기사가 쏟아지면서 상승 흐름을 타게 됩니다. 나름 의미 있는 재료가 있고, 미래 일정이 어느 정도 정해져 있다면 이렇게 잘 정리해놓고 주기적으로 확인할 필요가 있습니다.

사례 5
에스트래픽

교통 솔루션 기업 에스트래픽은 충전 인프라 및 자율주행 서비스 제공 사업을 영위하고 있습니다. 세계 각국에서 도로교통 시스템, 철도교통 시스템, 요금수납 시스템을 구축한 레퍼런스를 보유한 기업으로, 현대차와 전기차 충전 사업 파트너로 협력 관계를 맺은 바 있습니다. 전기차에 대한 수요가 점차 늘고 관련 시장도 비대해지며 전기차 배터리 시장과 더불어 충전 또한 중요한 요소가 되었습니다. 2차전지 테마만큼은 아니지만 주기적으로 관심을 받는 만큼 부담 없는 위치라면 매력도가 올라간다고 볼 수 있습니다.

◆ 2022년 12월~2023년 6월 에스트래픽 차트

　차트를 보면 4천 원 부근을 지속적으로 지켜주는 모습입니다. 주기적으로 거래량을 동반한 상승도 나오고 있고요. 이런 흐름 속에서 4~5월 지지되는 위치인 4천 원 부근에서 분할로 매수를 진행합니다. 역시나 수급이 들어오며 상승했고 부분적으로 수익 실현을 합니다. 두 번째로 6월에는 기존에 형성된 4,750원 부근의 저항도 갭을 띄우며 돌파합니다. 저항선을 돌파하자 분할 매도를 통해 수익을 거둡니다.

　이번 에스트래픽은 하단 지지 부근에서 사서 상단에서 파는 기본적인 박스권 매매 방식과 돌파 매매 방식 2가지를 같이 볼 수 있는 좋은 사례입니다. 매수·매도 지점을 눈으로 익혀두면 도움이 많이 될 것입니다.

사례 6
SBS콘텐츠허브

SBS콘텐츠허브는 SBS의 자회사입니다. 현재는 SBS가 주식의 포괄적 교환을 통해 SBS콘텐츠허브를 자진 상장폐지하고 완전 자회사로 편입한 상태여서 조회가 불가능한 종목입니다. 2022년 말쯤 방송사 주식이 관심을 많이 받기 시작해 이 무렵 매매를 시작했습니다.

당시 YTN 민영화 추진 기대감에 방송사 주식이 들썩인 기억이 납니다. 관련주로 한국경제TV, iMBC 등이 같이 움직였고 SBS콘텐츠허브도 비슷한 흐름을 보입니다. 차트를 보면 11월 거래량

◆ 2022년 8~12월 SBS콘텐츠허브 차트

을 동반한 상승 이후 5,500~5,700원 부근을 깨지 않고 횡보한 것을 알 수 있죠. 이는 아직 이 종목에 대한 기대감이 남아 있단 뜻입니다. 만약 종목에 대한 기대감이 없었다면 상승분에 대한 수익 실현, 즉 매도세가 훨씬 강했을 테니 자연스럽게 가격이 하락했겠죠.

특정 가격대를 지지하는 모습을 보고 추가적인 상승 여지가 있다고 보았습니다. 그래서 12월 초에 조금씩 매수한 뒤 상승분에 매도한 것이죠. 차트를 단순히 수치로만 보기보다는 그 흐름을 해석하려는 연습이 필요합니다. 이러한 맥락이 쌓이면 더욱 견고한 매매 판단이 가능해집니다.

사례 7
HLB제약

HLB제약은 완제의약품과 원료의약품의 개발 및 제조로 2015년 코스닥 시장에 상장했습니다. HLB제약은 HLB그룹으로 묶이는 종목인데요. 자체적인 재료로도 움직이지만 지주사인 HLB그룹과 함께 움직이는 경우가 많습니다. 참고로 HLB그룹은 HLB 제약 외에도 HLB생명과학, HLB테라퓨틱스, HLB파나진, HLB이노베이

◆ 2022년 9월~2023년 5월 HLB제약 차트

션, HLB바이오스텝, HLB글로벌, HLB사이언스 등을 계열사로 두고 있습니다.

　HLB제약의 차트상 특이점은 2022년 9월부터 장기간 하락을 이어오다가 2023년 1월 6일 거래량, 거래대금을 동반해 상승한 점입니다. 이후 그동안의 하락 관성을 뚫고 해당 가격대를 지켜주는 흐름입니다. 1만 2천 원에서 1만 5천 원 사이를 반복하는 박스권을 형성했는데요. 단기 박스권을 형성한 경우 크게 욕심만 부리지 않으면 적은 리스크로 수익을 내는 것이 가능합니다. 간단하게 아래에서 사서 위에서 파는 행위만 반복하면 됩니다.

　2023년 1월 6일부터 주요 상승 날짜와 원인을 살펴보면 HLB제약 자체적인 이슈보다는 HLB 그룹 전체적인 수급과 관련이 있습니다. 1월 6일에는 HLB의 간암 치료제 리보세라닙이 생물학적 동등성 시험을 통과하며 상승세를 탑니다. 그다음 2월 1일은 중국 국가약품감독관리국(NMPA)에 의해 리보세라닙이 중국에서 간암 1차 치료제로 허가를 받으면서 상승 흐름을 탑니다. 이후 상승을 이어가기보다는 다시 가라앉는 흐름이 반복되었고, 이러한 특이성을 확인하고 가격이 내려오면 사고 상승하면 매도하는 전략을 취했습니다.

참고로 박스권 매매를 하려면 몇 가지 주의사항이 있습니다.

첫 번째, 아래에서 사서 위에서 파는 원칙을 무조건 지키는 것입니다. 이와 반대로 상승 자체에 현혹되어 '더 오르지는 않을까?' 하는 마음에 위에서 사는 경우가 종종 있습니다. 물론 박스권을 돌파하는 시나리오를 생각해서 진입하는 경우도 있겠지만 그런 경우는 꼭 손절 기준을 명확히 해야 합니다. 그런데 원칙을 지키지 않고 물려서 하락을 지켜만 보고 있는 경우가 정말 많습니다. 이건 돌파 매매가 아니라 그냥 전략의 실패라고 보는 게 맞겠죠. 항상 어느 위치에서 내가 갑이 되고 을이 되는지를 잘 파악하는 것이 중요합니다.

두 번째, 박스권이 깨지는 경우를 고려해서 분할 매매하는 습관을 들이는 것입니다. 박스권 추세에서 아래가 깨져서 하락하는 경우도 있을 것이고, 위를 깨고 돌파해서 올라가는 경우도 있을 것입니다. 아래를 깨는 경우 더 아래에서 추매할지 아니면 손절할지 시나리오를 세워놓아야 합니다. 반대로 위로 돌파하는 경우 박스권 위에서 전부 파는 것이 아니라 분할 매도를 하는 방식을 취할 수 있습니다.

세 번째, 박스권이 무한히 이어지지는 않는다는 점을 명심합니다. 상황에 따라 박스권을 뚫고 상승하거나 반대로 하락하는 경우도 있습니다. 여러 가지 변수를 생각해볼 수 있습니다. 예를 들어 상승에 대한 기대감으로 무작정 기다리다가 피로감이 쌓여 하락할 수 있습니다. 또 박스권이 이어지면 박스권 위쪽에서 물린 매물대가 쌓이면서 저항대가 강해지기도 합니다. 저항이 강해지면 하락 요인으로 작용합니다. 물론 반대로 앞으로의 큰 상승을 위한 세력의 매집일 수도 있습니다. 이러한 여러 요인을 고려해야 예상치 못한 상황에 적절히 대응할 수 있습니다. 사전에 시나리오를 세워두고 상황에 따라 대응할 필요가 있습니다.

이후 차트를 보면 또 유의미한 포인트가 있는데요. 노란색으로 동그라미 친 부분입니다. 녹색 선을 보면 약간의 우상향 추세를 보이며 지속적으로 상승하는 모습입니다. 이 상승 추세선을 깬 부분이 노란색 원 부분입니다. 이렇게 추세를 깨고 하락하는 경우

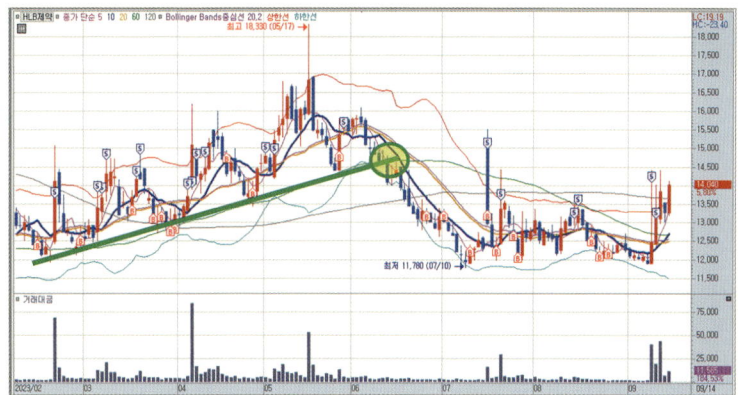

◆ 2023년 2~9월 HLB제약 차트

후에 상승을 하더라도 바로 반등이 나오기보다는 어느 정도 눌림을 형성한 뒤 시간을 두고 상승하는 경우가 많습니다. 이 점을 기억해두면 좋습니다. 다만 어디가 최저점인지를 예측하기보다는 기준을 정해서 분할로 접근하는 게 좋습니다. 최저점인 것 같다고 생각해 한 번에 큰 비중으로 매수하면 추가 하락 시 대응이 어렵습니다.

2023년 7월부터 바닥을 찍고 다시 박스권을 형성하면서 앞서 취한 아래에서 사서 위에서 파는 전략을 다시 진행했습니다. 추세를 깼을 때 무리하게 접근하지 않는다면 이처럼 안정적인 매매가 가능합니다.

사례 8
대한해운

이스라엘-팔레스타인 분쟁에 이어 2024년 4월 이란과 이스라엘 간 보복 공습이 이어지면서 긴장감이 고조됩니다. 이른바 호르무즈 해협 리스크인데요. 이에 해운주에도 반응이 있었습니다. 해운주가 움직인 이유는 호르무즈 해협을 둘러싸고 긴장감이 고조되면서 해상 운임료가 증가할 수 있다는 전망이 나왔기 때문입니다. 하지만 오히려 4월에는 큰 상승 흐름으로 이어지지 않았습니다. 개인적으로는 이 이슈가 장기화된다면 해운 쪽에 지속적인 영향이 있을 것이라 판단해서 조금씩 담아놓았습니다.

5월 들어서면서 중동 위기 장기화로 해운주에도 상승 흐름이 이어졌습니다. 중동 갈등이 장기화함에 따라 고유가, 고환율 수혜주인 해운주의 상승 가능성이 커졌습니다. 앞서 4월 이란과 이스라엘 간 보복 공습의 리스크가 해소되지 않은 채로 지속되는 형태였기 때문에 이를 근거로 매수 후 보유했습니다.

차트를 보면 5월 상승 이후 2,200원대가 무너지지 않고 지지되는 흐름을 보여주는데요. 일반적인 경우 상승 이후에는 차익 실현 심리로 인해 자연스럽게 하락하는 경우가 많은데, 이처럼 지지

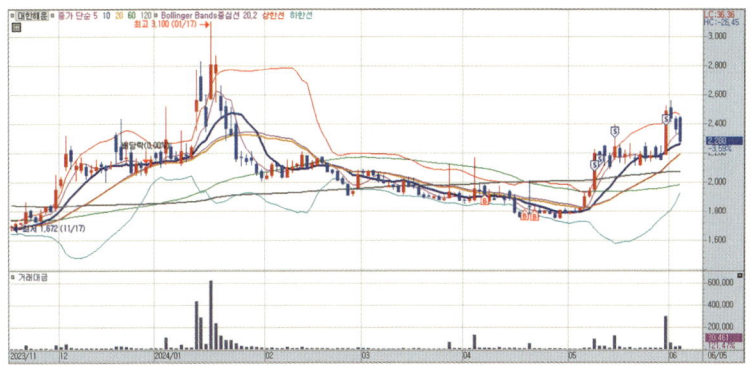

◆ 2023년 11월~2024년 6월 대한해운 차트

된다면 추가적인 상승에 대한 기대 심리가 있다는 뜻입니다. 예측대로 5월 31일에 급등하며 수익 실현을 합니다.

사례 9
지엔씨에너지

2023년 5월 단기 재료로 바이오가스 관련주가 반짝 상승했는데요. 하루 거래대금이 1,500억 원 이상일 정도로 괜찮은 수급을 보였습니다. 바이오가스는 하수 찌꺼기, 분뇨, 음식물쓰레기 등 유기성 폐자원을 이용해 생성한 가스를 일컫습니다. 지엔씨에너지는

◆ 2022년 9월~2023년 5월 지엔씨에너지 차트

국내 코스닥 상장사 중 유일하게 바이오가스 전처리 체계를 지니고 있는 기술력과 노하우를 겸비한 회사로 바이오가스 산업에 대한 정책 수혜 기대감에 부각되었습니다. 이 밖에 바이오가스 관련 주로는 에코바이오가 있습니다.

차트상 과거 거래대금과 2023년 5월 거래대금을 비교해보면 차이가 큰 것을 알 수 있습니다. 그만큼 재료의 크기를 체감할 수 있는데요. 시장에서 수급이 강하게 들어온 만큼 관심을 받는 재료라고 평가할 수 있습니다. 수급을 동반한 상승이 전고점 저항대(녹색선)인 4,500원을 돌파합니다.

여기서 앞서 배운 지지와 저항의 개념을 다시 가져와보겠습니다. 저항을 돌파하면 저항이 지지로 바뀔 수 있는데, 실제로 4,500원대에서 가격이 무너지지 않고 지지되는 것을 확인하며 매수했습니다. 이후 예상대로 상승해주며 2회에 걸쳐 매도했습니다. 상승분을 다 누리지는 못했지만 단기간에 나쁘지 않은 수익을 챙길 수 있었습니다.

사례 10
토마토시스템

토마토시스템은 본래 소프트웨어의 개발 및 판매를 목적으로 2000년에 설립된 회사입니다. 그러다 2020년 AI 기술 접목 및 사업 분야 확장을 위해 주식회사 솔샘사로부터 빅데이터 기반 통합 해설 플랫폼 개발 사업을 양수합니다. 최근에는 의료AI 기술이 부각되고 있는데요. 토마토시스템은 원격진료 서비스인 사이버엠디케어를 개발 완료했으며, 미국 내 협력사 리모트케어포유와 연동해 함께 서비스한다고 밝히면서 미국 AI 원격진료 신사업의 포문을 엽니다.

2021년 코넥스 시장에 신규 상장한 이후 2023년 4월에 코스닥 시장에 상장하면서 실적 또한 꾸준하게 개선되어 흑자를 기록

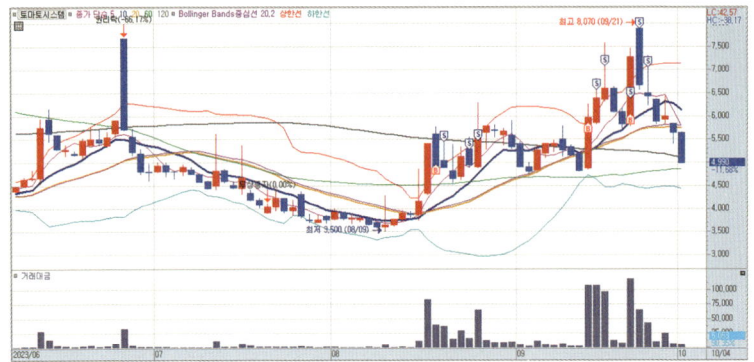

◆ 2023년 6~10월 토마토시스템 차트

합니다. 인공지능 시대에 발맞춰 글로벌 시장을 공략한다는 점에서 기업의 밸류에이션이 나쁘지 않아 지속적으로 지켜봤는데요. 다음은 2023년 8~9월 매매했을 당시의 주요 기사입니다.

> '토마토시스템, AI 적용해 이익률 극대화…원격의료 등 신사업 장착 미국 AI 원격진료 신사업', 〈아시아경제(2023년 9월 13일)〉
>
> '토마토시스템, 미국 AI 원격진료 신사업 부각', 〈아이뉴스24(2023년 9월 13일)〉

월간테마 캘린더를 살펴보면 8~9월에 의료AI와 네옴시티가 떠올랐음을 알 수 있습니다. 중복 테마로 수혜를 잘 받았고, 거래

◆ 2023년 8~9월 월간테마

대금도 높아 수급이 나쁘지 않았습니다.

8월 중순 상승 이후 약 한 달간 횡보하며 단기 박스권을 형성했는데요. 9월 중순에는 이 단기 박스권을 돌파하면서 상단의 저항이 다시 지지로 변했음을 알 수 있습니다. 저 또한 이 타이밍에 돌파 매매를 진행했고, 돌파 이후 저항이 지지로 바뀌는 부근에서 다시 추가 매수해 수익을 거둡니다.

9월 이후에는 다시 쭉 하락했는데요. 특이하게도 가격이 더 밀리지 않고 4천 원 부근을 방어해주는 모습입니다. 더불어 거래량을 동반한 양봉이 한 번씩 발생해주며 다시 수급이 들어올 가능성이 보였는데요. 2024년 2월부터 박스권 하단에서 조금씩 모았고

◆ 2023년 8월~2024년 4월 토마토시스템 차트

역시나 박스권을 조금씩 상향 돌파하면서 분할 매매로 수익을 거둡니다.

지난 8~9월의 상승 이후 약 6개월간 하락과 횡보를 반복했고, 8~9월 고점 근처에서 매수한 투자자라면 지금쯤 지쳐서 손절을 고민하거나 실제로 손절하는 경우가 적지 않을 것입니다. 만약 이렇게 지쳐서 떨어져나간 물량이 없다면 주가가 상승할 때 물량을 정리하기 위한 매도 심리가 강해져서 저항이 생길 수 있습니다. 이러한 특성 때문에 상승 이후 소강상태가 오면 어느 정도 시간이 지난 후 재상승하는 경우가 많습니다.

주식으로 돈을 벌기 위해서는 인내심이 중요합니다. 확실한 근거가 없다면 높은 위치에서 매수하기보다 상대적으로 안전한 위치까지 오기를 인내심 있게 기다릴 줄 알아야 합니다. 인내심이야말로 투자의 기본 소양입니다.

사례 11
이오플로우

이오플로우는 전기화학 기술과 정밀전자기계 기술을 바탕으로 의료용 웨어러블 약물 주입기 및 관련 시스템, 소프트웨어 제품을 개발 및 제조하는 기업입니다. 이오플로우는 인슐린 투여가 필요한 당뇨 환자를 대상으로 한 스마트 웨어러블 시스템을 중심으로 제품 라인을 구축하고 있습니다. 이와 함께 해당 기술을 기반으로 타 약물에도 적용 가능한 웨어러블 펌프 제품을 개발하며 신사업 영역을 확대하고 있습니다.

이오플로우는 2023년 하반기 엄청난 하락을 겪었습니다. 세계에서 두 번째로 인슐린 펌프 개발에 성공했으나 2023년 8월 세계 최초로 인슐린 펌프를 개발한 인슐렛과 특허소송에 휘말리면서 휘청이기 시작했습니다. 이어 10월 미국 매사추세츠주 법원은 미국서 인슐렛과의 특허소송이 끝날 때까지 이오플로우의 인슐린

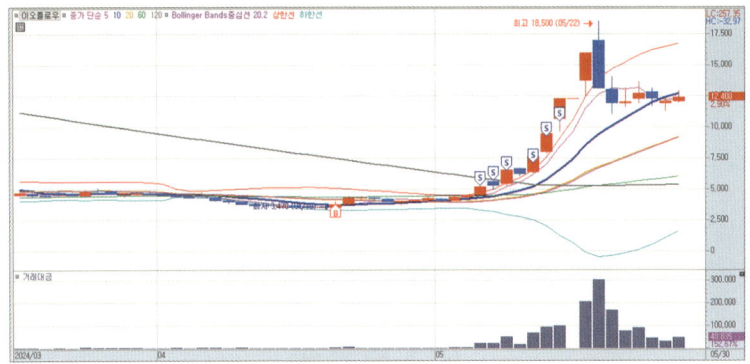

◆ 2024년 3~5월 이오플로우 차트

펌프 이오패치에 대한 판매 및 제조, 마케팅을 금지합니다. 이에 2만 원 후반대였던 주가는 3천 원대로 하락합니다.

이후 2024년 5월 미국 연방정부 법원은 인슐렛이 가처분 결정을 유지해야 하는 것을 충분히 소명하지 못했다는 이유로 매사추세츠주 법원의 1차 가처분 결정의 효력을 정지하는 결정을 내립니다. 이 소식이 전해지면서 주가가 급등했습니다.

사실 저는 이런 결정이 나올 것을 미리 알고 들어간 것은 당연히 아니었고, 바닥권에서 눌림 구간 이후 재상승하는 모습을 보고 매매한 것인데요. 워낙 이전의 하락폭이 강했다 보니 그에 대한 반작용으로 주가가 회귀하면서 크게 상승했다고 생각합니다. 다양한 종목에 관심을 갖고 부지런히 지켜보면 이런 행운도 따라올 수 있단 점을 말하고 싶었습니다.

참고로 안타깝게도 이오플로우는 1심에서 패소했고, 현재 상장폐지 위기에 처한 상황입니다. 2024년 사업연도 정기인의 감사보고서상 감사 의견에서 '의견 거절'을 받아 상장폐지 사유가 발생했습니다.

사례 12
한국화장품

한국화장품은 기초 및 색조 화장품 판매를 영위하는 종합 화장품 회사입니다. 연결대상 종속회사인 더샘인터내셔날은 브랜드숍 관련 화장품 판매를 영위하고 있으며, 힐리브는 온라인 유통 관련 화장품 판매업을 영외하고 있습니다. 한국 화장품 산업은 K-뷰티의 세계적인 인기로 꾸준히 주목받는 분야입니다. 특히 화장품 관련주는 글로벌 시장 확장과 함께 매력적인 투자처로 자리 잡고 있는데요. 한국 뷰티 브랜드들의 해외 수출이 급증하면서 엄청난 실적 발표와 함께 주가가 상승하는 사례가 늘고 있습니다.

다만 주요 종목을 제외하면 주도테마급으로 항상 수급이 넘치

◆ 2023년 11월~2024년 5월 한국화장품 차트

는 것은 아니어서 기술적인 차트분석을 동반해서 매매를 진행하는 것이 좋습니다. 한국화장품의 경우 2024년 4월 전까지는 수급이 적어 우하향 추세였지만, 4월에 거래량을 동반한 상승으로 하향 추세에 제동을 건 모습입니다. 당시의 호재는 이렇습니다.

화장품 관련주들의 강세는 중국인 관광객의 귀환과 수출 증가 등 호재가 이어진 영향으로 풀이된다. 한국무역협회에 따르면 지난 1~2월 한국의 화장품 수출은 전년 같은 기간보다 36.2% 증가했다. 중국, 미국, 일본, 베트남, 홍콩, 대만, 태국, 인도네시아, 싱가포르 등 10대 화장품 수출국에서 수출액이 일제히 늘었다. 대(對)중국 수출액은 전년보다 17.7% 증가하면서 1위를 기록했다.

〈매일경제〉 2024년 4월 1일 기사입니다.

다만 수급의 절대적인 수치가 크지 않았고 연속적인 상승보다는 한 번 눌림을 주면서 쉬어갈 것으로 예상했습니다. 따라서 20일선 부근에서 진입했고, 볼린저밴드 상단 부근에서 분할로 수익 실현을 합니다.

사례 13
엔투텍

이번 매매일지의 종목은 엔투텍입니다. 반도체 공정에 필요한 특수 진공 밸브를 생산 및 판매하는 특수 목적용 기계 제조사입니다. 반도체 장비 관련주이기 때문에 반도체 경기에 따라 주가가 움직이는 특성이 있습니다. 이번 매매는 테마나 재료보다는 차트 중심으로 매매를 진행한 사례입니다.

반복적으로 보다 보니 이제 익숙한 패턴이라고 생각합니다. 적은 거래량으로 우하향하다가 수급이 들어온 뒤 유의미한 자리에서 매매하는 방식인데요. 2024년 2월 수급을 동반한 상승이 있었습니다. 거래대금은 약 120억 원 정도로 별다른 뉴스는 없었습

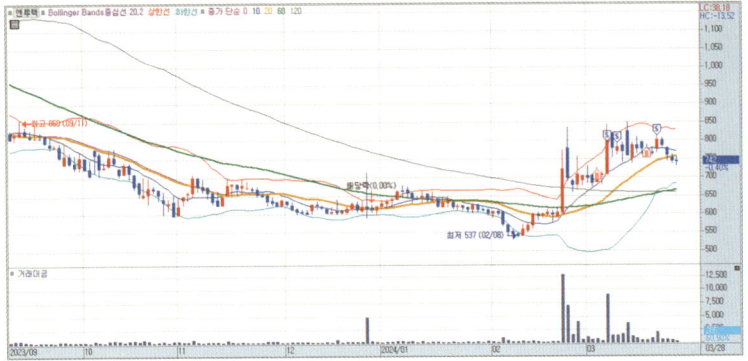

◆ 2023년 9월~2024년 3월 엔투텍 차트

니다. 이때의 상승으로 120일선을 돌파한 뒤 120일선 부근 600원 후반대 가격을 지켜주는 흐름을 보입니다. 그래서 이 구간을 기준으로 매수했고 역시나 가격대를 지켜준 이유가 있다는 듯이 이틀 뒤 바로 상승 흐름을 보여줍니다. 원칙대로 볼린저밴드 상단 부근에서 분할 매도했습니다.

별다른 테마나 재료가 없었기에 후속적으로 큰 상승을 보이진 않았는데요. 이와 같이 테마나 재료 없이 차트분석만으로도 확률적으로 좋은 자리를 지속적으로 찾을 수 있습니다. 테마나 재료가 없다고 해서 반드시 매매 대상에서 제외할 필요는 없습니다. 기술적으로 접근 가능한 '자리'를 꾸준히 찾는 연습이 중요하다고 생각합니다.

사례 14
나노신소재

나노신소재는 디스플레이, 반도체, 2차전지, 태양전지 등의 첨단 소재 제조업을 목적으로 하고 있는 기업입니다. 특히 2차전지 전극에 적용되는 CNT도전재 제조를 주요 사업으로 영위하고 있습니다. 음극재용 CNT도전재 생산은 기술적으로 난이도가 높아 현재 이를 상용화한 업체는 많지 않습니다. 상용화에 성공한 나노신소재가 2차전지 관련 수혜주로 주목받은 배경입니다.

다만 2024년 들어 2차전지 관련주의 흐름이 둔화되면서, 테마보다는 차트분석에 기반한 매매 전략을 활용했습니다. 2023년 말

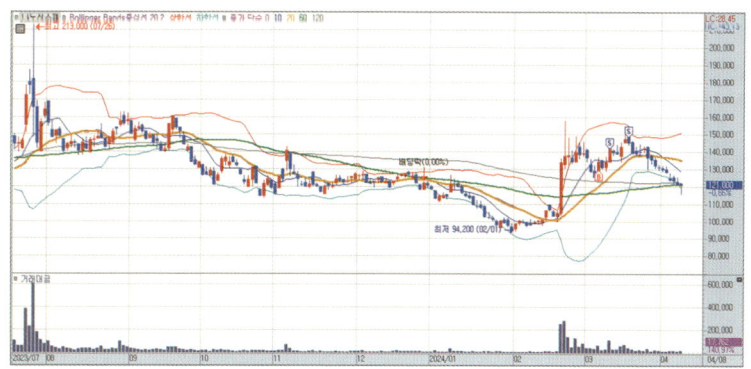

◆ 2023년 7월~2024년 4월 나노신소재 차트

지속적인 하락 이후 2024년 2월에 다시 수급과 함께 상승한 흐름을 볼 수 있습니다. 여기서 확인해야 할 부분은 2023년 7~9월 가격대인 14만~16만 원 사이에 매물대가 저항으로 작용할 것이라는 점입니다. 2024년 3월 들어 20일선 부근에서 매수했지만 저항 매물대를 소화할 만한 강한 수급이 들어오는 모습은 보이지 않았죠. 이 때문에 매물대 부근인 15만 원대에서 분할로 정리했습니다. 이후 결국 저항을 돌파하지 못하고 하락하는 모습을 보여줍니다.

언제든 강한 돌파로 상승해주면 좋겠지만 그것은 우리의 희망 사항일 뿐입니다. 항상 여러 시나리오를 미리 상정해두고 절제된 매매를 연습하는 것이 중요합니다.

실패에서 배우는
손절 사례

이번에는 손절한 사례에 대해 이야기하려고 합니다. 사실 손절도 방법은 다양합니다. '손실이 -5% 발생하면 손절하겠다' '어느 가격 아래로 내려가면 손절하겠다' 등 저마다 손절의 기준이 다르다고 생각합니다. 저는 제가 계획한 시나리오에서 벗어날 경우 손절을 진행합니다. 그렇기에 마이너스 몇 퍼센트라고 어느 가격대를 특정하지는 않습니다. 대신 상황에 따라 유연하게 대처하는 것을 추구합니다. 사례를 하나씩 살펴보겠습니다.

사례 1
레인보우로보틱스

레인보우로보틱스 차트를 살펴보겠습니다. 노란색 박스 부분이 바로 손절을 진행한 곳입니다. 앞서 수급이 조금씩 들어오는 구간에서 분할 매수했고 이후 상승 흐름이 오면서 분할 매도로 수익 실현을 했는데요. 어느 정도 상승한 후 상대적으로 긴 음봉이 발생했고, 그날의 종가는 이동평균선 20일선 부근이었습니다.

저는 이때 20일선에서 지지가 발생할 것을 '기대'했습니다. 다만 이 기대를 깨고 하락한다면 추가적으로 하락세가 지속될 확률이 높다고 판단해 추가 매수보다는 손절하겠다는 시나리오를 세

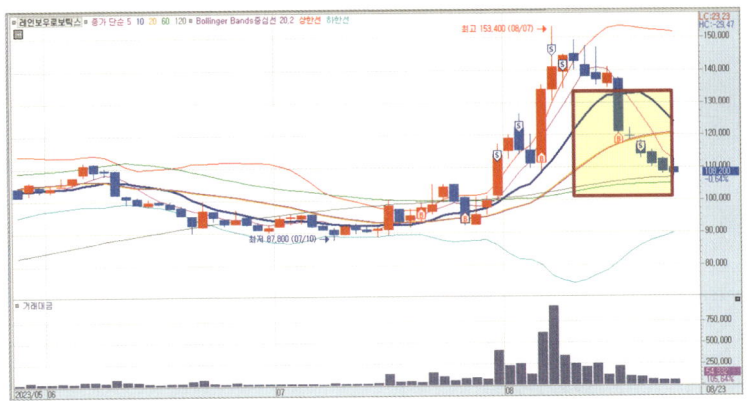

◆ 2023년 5~8월 레인보우로보틱스 차트

웠습니다.

　기대와 달리 20일선 지지 후 반등이 나오지 않았고 곧바로 손절을 단행하면서 약 2~3% 정도의 손실로 리스크를 최소화합니다. 매매 전에는 자신의 의도와 기대를 분명히 하고 다양한 시나리오를 미리 준비해두는 것이 좋습니다. 예상하지 못한 변수가 나타나도 유연하게 대응할 수 있어야 합니다.

사례 2
우리넷

다음 손절매 예시는 우리넷이라는 종목입니다. 앞선 레인보우로보틱스가 지지 가능성을 기대하고 매매했다면, 우리넷에서는 돌파를 기대하고 매매했습니다. 좁은 박스권 구간의 상단인 9천 원 부근은 이미 돌파한 상태였고, 거래대금도 크게 몰렸기 때문에 나름 긍정적으로 해석했는데요. 추가적으로 7월 28일 고점을 찍은 9,900원 부근에서 수급이 들어온다면 강하게 돌파할 것이라 기대했습니다. 다만 기대와 달리 하락한다면 다시 박스권의 파동 속에 갇힐 확률이 높았습니다.

◆ 2023년 3~8월 우리넷 차트

    앞서 박스권 매매의 예시를 여러 차례 보여드렸는데요. 박스권 매매는 아래에서 사서 위에서 파는 것이 정석입니다. 보다시피 지금의 매매는 상향 돌파를 기대하고 박스권 위에서 산 사례입니다. 지금 자리에서 하락한다면 크게 물릴 확률이 높으니 홀딩하고 물타기를 하기보다는 과감하게 손절하는 것이 좋습니다. 적절한 시점에 손절함으로써 잠재적인 손실을 방지할 수 있습니다.

    결국 분할 매수를 할지, 손절을 할지는 내가 하는 매매의 콘셉트에 따라 유동적으로 달라집니다. 손절 기준을 기계적으로 정해두기보단 매매 콘셉트와 시나리오에 맞게 유동적으로 진행하는 것이 좋습니다.

사례 3
잇츠한불

이번에는 화장품 관련주로 알려진 잇츠한불입니다. 잇츠한불은 모회사인 한불화장품과의 합병으로 생산부터 R&D, 마케팅, 유통까지 아우르는 종합 화장품 기업 잇츠한불로 출범했는데요. 화장품 제조 및 판매업을 영위하는 기업으로 잇츠스킨, 프레스티지, 파워10 등의 브랜드를 보유하고 있으며 국내외 2개 생산시설에서 제품을 생산해 판매하고 있습니다.

    차트상으로 8월 10~11일 상승 이후 1만 6천 원 초중반대를 깨지 않고 지켜주는 흐름이었습니다. 지지가 유지되는 와중에 이

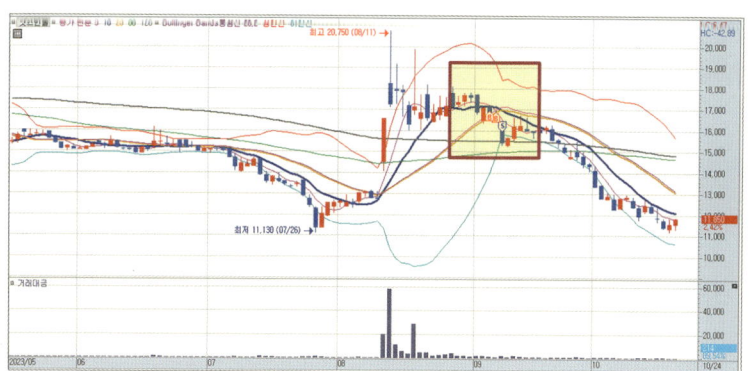

◆ 2023년 5~10월 잇츠한불 차트

동평균선 20일선과 만나는 지점에서 한 번 더 지지된 후 상승할 것을 기대하고 매수를 진행합니다. 역시나 예측과 달리 이 지점을 깰 경우 길게 무너질 가능성이 있었기 때문에 손절 계획을 세운 상태였습니다. 20일선을 만나는 지점에서 지지되지 않고 내려가는 흐름을 보였고, 시나리오대로 추가 매수하지 않고 손절을 진행했습니다.

지금까지 레인보우로보틱스, 우리넷, 잇츠한불 3개 손절 사례를 살펴봤습니다. 시장의 흐름이 항상 내가 원하는 대로 흘러가진 않습니다. 그래서 매매 전에 어떤 상황에서 들어가고, 어떤 흐름에서 나올 것인지 정해두는 게 중요합니다. 계획한 시나리오에 따라 냉정하게 대응하는 태도야말로 주식 시장에서 살아남는 비결입니다.

에필로그

당신의 첫걸음이
미래를 바꿉니다

돌아보면 모든 변화는 '시작'이라는 아주 단순한 결심에서 비롯되는 것 같습니다. 시작하지 않으면 아무것도 변하지 않기 때문이죠. 지금껏 이 책을 읽은 여러분은 이미 그 첫걸음을 내디딘 것과 같습니다. 그리고 첫걸음을 내디딘 사람만이 두 번째, 세 번째 걸음을 시작할 수 있습니다.

    주식을 공부하고 투자하는 과정이 때로는 두렵고 어려울 수 있습니다. 하지만 실행을 미루게 만드는 두려움은 대부분 '무지'에서 비롯됩니다. 누구나 처음은 있습니다. 지금의 불안과 두려움도

언젠가는 당신의 자산이 됩니다. 이 책이 두려움을 조금이라도 덜어내는 데 도움이 될 수 있다면, 다시 한 걸음 내디딜 용기를 전할 수 있다면 그것으로 충분하다고 생각합니다.

이 책 전반에 걸쳐 강조했던 내용은 '돈의 흐름'입니다. 그것을 이해하고 읽어내는 힘이 투자와 삶 전반의 방향을 바꿀 것입니다. 돈의 흐름이 곧 투자의 본질입니다. 돈의 흐름을 중점에 두고 나무부터 숲까지의 흐름을 연결하는 연습이 필요합니다. 눈앞의 수익을 넘어 돈이 어디로 흐르고 있는지를 볼 줄 아는 통찰력이야말로 여러분이 꾸준히 성장할 수 있는 밑거름이라 확신합니다.

마지막으로 더 이상 월급이라는 울타리 안에만 머물지 마시고 스스로 울타리를 조금씩 넓혀가길 바랍니다. 자유롭고 행복하게 자신만의 속도로 자산을 키워가길 바랍니다. 남들과 비교하지 말고 나만의 속도로 나아가기 바랍니다. 때로는 멈춰도 괜찮고, 돌아가도 괜찮습니다.

중요한 것은 내 삶의 주도권을 포기하지 않는 것입니다. 주식은 단순한 재테크 수단이 아니라, 진정한 독립을 향한 도구이자 자신을 확장시키는 기회의 장입니다. 그래서 주식은 자산을 불리는 일인 동시에 '나'를 성장시키는 일입니다.

작은 성취가 쌓여 어느 날 큰 변화를 만들어냅니다. 오늘의 공부, 오늘의 투자가 인생의 방향을 바꿀 수도 있습니다. 이 책이 그 여정의 든든한 동반자가 되었기를 진심으로 바랍니다. 당신의 투자와 인생에 좋은 흐름이 언제나 함께하길 기원합니다.

1년에 1천만 원 수익 내는
주식 투자 기술

초판 1쇄 발행 2025년 7월 25일
초판 2쇄 발행 2025년 8월 5일

지은이 | 인디플랜(안형준)
펴낸곳 | 원앤원북스
펴낸이 | 오운영
경영총괄 | 박종명
기획편집 | 이광민 김형욱 최윤정
디자인 | 윤지예 이영재
기획마케팅 | 문준영 박미애
디지털콘텐츠 | 안태정
등록번호 | 제2018-000146호(2018년 1월 23일)
주소 | 04091 서울시 마포구 토정로 222 한국출판콘텐츠센터 319호 (신수동)
전화 | (02)719-7735   팩스 | (02)719-7736
이메일 | onobooks2018@naver.com   블로그 | blog.naver.com/onobooks2018
값 | 20,000원
ISBN 979-11-7043-655-3 03320

* 잘못된 책은 구입하신 곳에서 바꿔 드립니다.
* 이 책은 저작권법에 따라 보호받는 저작물이므로 무단 전재와 무단 복제를 금지합니다.
* 원앤원북스는 독자 여러분의 소중한 아이디어와 원고 투고를 기다리고 있습니다.
  원고가 있으신 분은 onobooks2018@naver.com으로 간단한 기획의도와 개요, 연락처를 보내주세요.